누가 바람의 푸른 눈썹을 보았는가

누가 바람의 푸른 눈썹을 보았는가

찍은날 2019년 2월 20일
펴낸날 2019년 2월 25일
지은이 김용범
펴낸이 박몽구
펴낸곳 도서출판 시와문화
주 소 (13955) 경기 안양시 동안구 경수대로883번길 33,
103동 204호(비산동, 꿈에그린아파트)
전 화 (031)452-4992
E-mail poetpak@naver.com
등록번호 제2007-000005호 (2007년 2월 13일)

ISBN 978-89-94833-45-3(03810)

정 가 12,000원

시와문화의 시집 34

누가 바람의 푸른 눈썹을 보았는가

김용범 시집

시와문화

■시인의 말

마음 한켠에 무겁게 자리잡고 있던 시들을 묶었다. 참으로 오랜 시간 매달렸던 주제들과 헤어져야 할 시간이 된 듯하여 한권의 시집으로 묶어낸다. 마흔 살부터 시작하여 25년간 나는 발해와 고구려의 강역을 헤맸다. 발해와 고구려라는 강역을 수없이 들락이며 나는 문헌으로만 읽어야 했던 현장의 숨소리를 내 가슴에 담으려 했다. 그러나 탐사의 노력은 부질없는 것이었다. 그간 내가 얻어낸 성과는 낯선 이역(異域)의 스케치에 불과했고 책갈피에서 건져낸 소재들뿐이었으며 카메라를 들고 찍은 수천 장의 사진 자료들 역시 그 강역을 스쳐 지나간 여행자들의 인증 샷에 불과했다. '소재주의를 극복하고 풍경에서 초월하자' 라고 수없이 반복하며 뼈를 깎듯 시에 매달렸지만 나의 능력은 천 년 전 역사의 변죽만을 울렸을 뿐이다. 서포 김만중의 〈구운몽〉도 이와 다르지 않았다. 대학원에 진학하며 붙들었던 책 한 권을 온전히 내 것으로 풀어내지 못한 채 지금까지 문맥만 더듬어야 했다. 이제 현장을 뛸 체력도 소진했고 텍스트와 싸워 이길 슬기로움도 고갈했으므로 나의 한계를 자인하며 스스로에게 항복하기로 했다.

결국 이것이 나의 깜냥이었구나라는 것을 인정하기까지 참 오랜 시간을 허비한 듯하다. 나는 이제부터 서사(敍事)의 들판에서 벗어나 서정시 본연의 자리로 돌아가려 한다.

이 책이 나올 무렵 나는 생업의 터전에서 은퇴하게 될 것이다. 묵묵하게 내 뒤를 따라 준 제자들과 이 책을 나누기로 했다. 그날은 마침 한 가정을 꾸린 지 40년이 되는 날이 될 것이다. 녹옥혼식(綠玉婚式). 내자에게 에메랄드 반지 하나를 선물로 주고 싶다.

2019년 2월

김용범

|차　례|

제2부 누가 바람의 푸른 눈썹을 보았는가

제3부 아홉 개의 구름과 꿈

제1부

백두산 아래 나의 집(長白山下 我的家)

기러기 발, 안족(雁足)

내 집에는 인간문화재 악기장 김복곤이 만든 '국수 무늬 나이테' 가야금이 하나 있어. 나이테가 국숫발처럼 일정한 간격으로 곧게 깔린 가야금을 둘러메고 내자는 서초동 국악원에 가야금을 배우러 다녔다네. 늘그막에 마누라가 타는 가야금 산조를 들으며 철원 평야에 가서 두루미 몇 마리를 잡아다 토종닭처럼 기르며 자못 신선처럼 살고자 했으나 그 꿈도 잠시, 도대체 풀어진 줄을 제대로 조율 못해 종내 열두 줄 가야금 열두 줄은 불어터진 국숫가락처럼 맥없이 풀어져 버리고 말았다네. 팽팽하게 줄을 받혀줄 기러기발들도 가야금 위에 허무하게 흩어져 버리고… 그 가야금 종래는 우리 집 장롱 위에 곱게 모셔져 있는지라. 아, 애달프도다, 깨어진 내 꿈이여. 안족(雁足)이 진짜 기러기발이면 삶아먹을 것은… 그런데 그것이 문득 현실이 되더군. 어느 날 연길시 소년궁 후군주임 허씨의 초대로 서예 하는 장룡이와 두만강 생태마을 빼갈 숙성장에서 가금(家禽)으로 기르는 기러기 한 마리를 백숙으로 삶았더니 하아 이것이네. 내 앞에 놓인 진짜 기러기발. 늘그막 희망은 깨졌으되 오늘 비로소 소원대로 기러기발을 만났으니 내 오늘 기러기발을 안주로 흠씬 취해 보리라. 허허허(虛虛虛).

사향가(思鄕歌)

이곳 연변에선 제 집 가장(家長)을 나그네라 부르지. 나그네. 그럴지 모르지 떡이 되게 술이 취해 간신히 집을 찾아와 눈 붙이고 다시 숙취를 풀지도 못하고 새벽이면 다시 집을 나서는 비몽사몽(非夢似夢) 반평생. 그게 그래서 나그네라면 나는 분명 나그네였지. 다만 저녁이면 돌아올 집이 있는 나그네. 그러나 지금 이곳은 너무 먼 타향. 안 하던 손빨래도 하고 당뇨 때문에 현미밥을 지어 먹으며 연변대학 학생 기숙사에서 여섯 달 혼자 지내다 보니 뭔가 하나 빠진 것같이 허전해. 게다가 술까지 끊었으니 항상 맨정신으로 똘망똘망 잠이 안 오네. 양 한 마리 양 두 마리… 양을 적어도 오백 마리쯤은 세어야 잠이 들어. 그런데 지금은 아니야 망육(望六)의 끝자락 아홉수를 넘기며 라면 반개에 찬밥을 풀어 허기를 지우며 보내는 서러운 타향살이. 〈사향가(思鄕歌)〉의 가사가 새록새록 실감 나는 북방의 겨울. 삭풍에 빈 가슴이 에이는 나그네 설움.

청노새

제주도 당근 밭 근처를 콧김을 핑핑 날리며 어슬렁거리는 비루먹은 망아지처럼 연길 서시장(西市場) 떡전을 돌아다녔지. 술을 끊었더니 뜬금없이 떡이 땅겨, 이름도 생소한 오그랑떡과 쉰떡 언감자 밴새를 반 근 사서 시장통 좌대에 떡 봉지를 풀고 허겁지겁 허기를 때우고 나는 의연하게 길거리로 나섰지. 그런데 허허 내 어릴 적 서부역 염춘교 근처를 따가닥거리며 뛰어다니던 당나귀가 정말 콧김을 팡팡 날리며 달리고 있는 게야. 그 뒤로는 노새가. 아니 이런 일이 있을 수도 있군. 마치 내 기억력과 상상력을 증명이라도 해주듯. 연변 조선족 자치주 연길시를 잘 살펴보면 나만이 지닌 기억의 갈피 흑백사진 속에 내가 다시 들어와 활개를 치고 다니고 있다는 사실을 알게 되지. 저 노새, 청노새 한 마리를 서울로 끌고 가, 가끔 당근이나 몇 개 주면서 중랑천 내 집 앞 장미 꽃길을 산책하거나 경동시장 야채가게에 물건을 사러 나서봐? 몹시 흐뭇할게야 제법 독특 할게야 내 늘그막의 풍경이…. 차라리 은퇴하고 연길로 들어가 살아볼까. 참으로 즐거운 공상(空想). 어느 해 연변 조선족 자치주 겨울의 풍경 한 장.

설연화(雪蓮花)

혹시나 하고 무협지에 종종 등장하는 불사약 '설연화'를 찾으러 겨울 내내 백두산을 헤매고 다녔어. 내 시집에서 빠져나온 할단(鶡鴠)새들의 똥이나 바람 날린 꽃씨로만 퍼진다는 설연화를 찾으러 백두산 아랫마을 안도현을 샅샅이 뒤지고 다녔지만, 허사였어. 죽기 일보 직전 강호를 떠돌던 협객들을 살려낸 설연화를 구해다 넉 달째 암으로 투병하는 장모님께 조금 드리고 나머지는 친정 엄마 병구완하느라 녹초가 된 마누라를 먹이려고 개 발에 땀나듯 돌아다녔지만. 헛수고였다네 그려. 어느 날 내 사정을 들은 왕곰보 치과 뒤 맹인 안마시술소 다이푸(大夫)가 말했어. '이보쇼. 그 꽃은 더 높은 산에 있다오.' 내가 올라본 제일 높은 산 백두산은 겨우 2,750m. 설연화는 5,000미터 이상 산에만 핀다는 게야. 아 내가 오른 최고의 산보다 더 높은 산들. 아 나는 고작 2,750m짜리 산밖에 올라보지 못한 용렬한 사내였어. 세상엔 내가 올라본 산보다 더 높은 산들이 많다는 사실을 이제야 알았어. 슬프지만 내가 올라본 제일 높은 산 백두산엔 설연화가 없었어.

그대 마음의 늪에 연지(蓮池)를 파고

백두산 아랫마을 안도현 양강진에서 송화강과 부르하통하(河)가 갈린다. 이곳에서 청나라 옹정제와 강희제의 벼루가 된 송화석 원석(原石)이 난다. 나는 서예 하는 양동남을 앞세워 혹한의 겨울 중심으로 달려가 연녹색 원석을 갈아내 연잎 다반(茶盤) 하나를 만들었다.

(벼루에 먹을 갈아 학문 하기를 잠시 접고 마음의 늪에다 연지를 파 오늘 연꽃 하나를 심었으니 그대 지나가는 구름을 끌어다 방석을 깔고 흰 뫼의 산자락에 앉아 흐뭇하게 차나 한잔 나누세. 노후 걱정일랑 지나가는 개에게나 줘버리고 그저 연잎 위에 올라앉은 개구리처럼 햇살이나 즐기며 시간을 죽이세)

백두산 아랫마을 안도현 양강진에서 송화석 원석이 난다.

청맹과니 타령

목뼈 디스크 판에 신경이 눌려 오른팔이 마비되자 나는 연길 시내 18양점(糧店) 왕곰보 치과 병원 뒤 평안 중의 안마 진료소(平安 中醫 按摩診療所)에 다니기 시작했다. 목 뒤의 근육을 풀고 우드득 닭 모가지 비틀 듯 목뼈를 맞추더니 맹인 왕씨는 50위안짜리 진료권 10장을 끊게 했다. 아, 그는 눈을 감고도 골격을 보는구나. 게다가 한술 더 떠 글 쓰는 사람이군. 그는 살 속의 뼈만 보는 게 아니라 책상물림 내 직업도 꿰뚫어 보고 있었다. 아 나는 지금까지 청맹과니, 눈뜬장님이었구나. 사물의 내면을 들여다보지도 못하며 개미핥기처럼 詩의 겉핥기만 하고 있었구나. 헛웃음만 나오는 시업(詩業) 40년의 허망한 경영(經營).

황하(黃河)의 끝

장강 견부(縴夫)들과 거센 물살에 목숨을 걸고 배를 젓는 사공들의 거친 숨소리의 선연히 떠오르는 전주로 시작된 황하는 유유하게 대륙을 가로지르지. 어느 해인가 돈황 월아천(月牙川)을 가려다 1박을 한 난주에서 나는 보았어. 황하 그 탁한 물길의 도도한 힘은 (둥펑홍(東方紅)의 〈황하〉는 4악장에 와야 클라이맥스야.) 어느 해 나는 그 강의 끝을 보았어. 청해성에서 발원해 5,464km를 담고 온 황토를 토해낸 천진 입해구(入海口) 황하의 끝. 매년 5㎢씩 20년 동안 늘어난 무려 500㎢라는 새 땅, 황하 삼각주를 만들어낸 강의 힘을. 2013년 1월 15일 그날 한국 기상청은 중금속이 다량 섞인 중국발 미세먼지 주의보를 전국에 내렸어.

사무사(思無邪)

스무 살부터 활자화한 시를 한편씩 손 글씨로 옮겨 적으며 한 해를 시작했다. 내가 스스로 내 시를 다시 써보는 참담함. 치기(稚氣)와 설익은 서정(敍情) 어설픈 시 삼백 편을 골라 버리고 부끄러워 얼굴을 가리고, 영영 다시 보지 않으리라 마음속에서 지워버리고, 내 시의 쭉정이를 솎아 내며(子日 詩三白 一言以蔽之日 思無邪라 했는데…) 혹한의 북방(北方)에서 마무리하며 보낸 한 해. 내 詩와 삶의 3할이 쭉정이였구나. 그게 내 깜냥이었구나. 바람이 채찍처럼 내 알몸을 때리고 갔다. 참담(慘憺)했다.

쉼표 찍기

정확한 통계인지 모르지만 연변 훈춘시 삼가자 만족 자치향은 총 인구 8,692명인 작은 농촌 마을이다. 그 중 조선족이 3,390명 만족이 2,577명 한족이 2,725명 등 세 개의 민족이 살고 있다고 삼가자라 했음이 분명한 이곳의 주인은 엄연히 만족이다. 만족들이 산다는 것을 분명하게 보여주는 것이라곤 인민정부 현판에 걸린 누구도 발음하지 못하는 사어(死語)가 된 만주어 간판뿐. 그곳 국영 양종장(養種場) 경내에 발해 동경 용원부(東京龍原府) 팔련성이 있다. (내성과 외성으로 되어 있고, 성벽은 흙을 다져 쌓았으며 방향은 동쪽에서 서쪽으로 10도 치우쳤다. 성 밖에 해자가 있고, 네 성벽에는 문이 하나씩 있다. 외성의 모양은 정방형에 가까운 남북으로 놓인 장방형이고, 내성은 외성 중부의 북쪽에 치우친 곳에 있는데 남북으로 놓인 장방형이다. 내성의 둘레는 1,072m, 남북 성벽의 길이는 218m, 동서 성벽은 318m이다.) 이곳까지 샅샅이 뒤지고 가면 이제 다시는 연변에 올 일이 없을 것 같아 볼모로 남겨놓은, 훈춘시 삼가자 만족 자치향. 진달래가 필 때 나는 반드시 내가 태어난 고향 경북 울진군 후포를 거쳐 속초에서 배를 타고 훈춘을 찾으리라. 내 다시 한번 더 오기 위해 남겨놓은 쉼표 같은 마을. 연변 조선족 자치주 훈춘시 삼가자 만족 자치향.

밥의 힘

발해국 상경 용천부(上京龍泉府) 터가 남아 있는 흑룡강성(黑龍江省) 영안현 발해진 향수촌(響水村)에서는 중국 최고 품질의 입쌀이 생산되지. 기름이 자르르한 입쌀로 지은 밥을 먹어보지 않은 사람은 밥맛을 이야기할 자격이 없어. 백 년 전 나라 잃고 두만강을 건너 천 년 전 발해의 옛터에서 동토의 대지에 무논을 풀고 볍씨를 뿌린 흰옷 입은 사람들. 밥을 퍼먹다 보면 문득 목이 메어 문득 눈시울이 붉어져. 차마 말 못할 울분이 솟구쳐… 아 이러면 안 되지. 발해국 상경 용천부 터가 남아 있는 흑룡강성 발해진 향수촌에서는 밥심으로 사는 민족들이 살고 향수 입쌀밥을 먹어보지 않은 사람은 발해의 흥망을 이야기할 자격이 없어.

동경 용원부 가는 노정(路程)

흑룡강성 영안현 동경성을 지나 연변 조선족 자치주 왕청현 낙타산을 넘어오자 문득 기억 속을 사라져 버렸던 신작로가 거짓말처럼 나타났다. 기억 속 어머니는 봇짐을 머리에 이고 홍순태의 흑백사진을 빠져나와 장터로 쌀을 팔러 가고 있었다. 유득공의 『발해고』를 품에 넣고 발해 상경 용천부에서 동경 용원부 가는 노정(路程). 그날 신작로의 나무들 와서 보지도 않고 『발해고』를 써내려간 책상물림 유득공이 그려낸 위대한 상상력은 대단했다.

홍순태, 〈장 가는 길〉, 1974년 괴산

눈 내리는 강(江雪)

천산조비절(千山鳥飛絕)이요
만경인종멸(萬徑人踪滅)이라
고주사립옹(孤舟蓑笠翁)이
독조한강설(獨釣寒江雪)이라

눈 내리는 강

온 산엔 새도 날지 않고
모든 길엔 사람 흔적 끊어졌네.
외로운 배엔 도롱이 입고 삿갓 쓴 늙은이가
홀로 차가운 눈 내리는 강에서 낚시질하네.

조선족 서예가 장룡의 고향 훈춘에 가서
경신 마을 천년 늪의 얼음을 깨고,
늙은 어부가 건져낸
붕어를 칼로 저며 회(膾)를 먹었다.
내심 디스토마를 불안해하며

눈이 펄펄 내리고 있었다.
유종원(柳宗元)의 강설(江雪) 그대로의 풍경이었다.

다시 한번 가보고픈 나라 발해

최근 어느 시인은 굳이 찾아갈 필요도 없고 애써 가보지 않아도 상상력과 문헌 자료만 있으면 발해에 대해 100편을 쓸 수 있다고 장담했다. (15년 전 발해의 강역을 밟아보지도 않고 발해에 대한 연작시를 쓰는 시인 A에게 발해의 강역을 함께 돌자고 권유했다. 그는 성실하게 우리 팀과 발해의 강역을 돌았고 그의 시는 비로소 발해의 시가 되었다.)

15년 뒤 시인 B가 생뚱맞게 시인의 상상력만으로 충분히, 발해를 소재로 한 시를 무한정 쓸 수 있다고 장담했으므로 나는 유득공의 『발해고』의 원문과 번역문을 아래아한글 텍스트로 보내주었다. (유득공 역시 한번도 발해를 가보지 않고 그 책을 썼으므로) 발해는 신기루인가 신기루의 나라 발해는 굳이 발품 팔며 찾아다닐 필요가 없는 나라. 상상력만으로도 충분히 유추되는 나라. 그런 오로라 같은, 신기루 같은 나라. 그런 발해 옛 땅을 30년간 찾아다닌 내가 바보일까. 건강이 추슬러지면 다시 한번 가보고픈 나라 발해.

하늘 연못

나와 같은 길을 걷는 일행들을
수목한계선(樹木限界線) 위,
하늘 연못으로 올려 보내고,

나는 일행(一行)에서 벗어나,
강건한 자작나무 숲을 소요(逍遙)했었네.

(지독히 가난하던 시절 나는 바람과 당당하게 겨루다 분질러져 버리겠노라고 강한 바람에 꺾이지 않는 풀잎보다는 차라리 참나무가 되겠노라고, 살아남기 위해 비굴한 허리를 굽히느니 도끼에 찍혀 차라리 참숯이 되겠다고, 내 몸에 남은 생명 활활 태우며 정신만 남아 맑은 공기가 되겠다고 끝끝내 겨루다 허리가 분질러진다 해도 뿌리만은 악착같이 살아남아서, 청청하게 한번 더 살아 주겠다고, 청청하게 눈알을 부릅뜨고 불타서 결국은 재가 되더라도 침묵보다 빛나는 묵묵함으로 참나무 주변에 묵묵히 빛나는 재가 되겠다고 다짐했었지.)

나는 하늘 연못을 오르는 일행에게
그곳에 오르거든
바람을 거스르지 않고 생존해 있는,

바람에 순종(順從)하는
슬기로운 사스래나무를 찾아보라 권했지.

그곳 사스래나무들은 강건함을 스스로 포기하고,
스스로 허리를 굽혀 바람에게
흔연히 길을 내주었으므로,
생존 한계를 벗어났으니,
그것이 비옥 남루하고 구차할지 모르나
오히려 당당할 수 있었으니.

치기와 만용이 사라진 이순(耳順)이 되어야
사람들은 그제야 알게 되지
강하고 큰 것은 아래에 들게 되고,
부드럽고 약한 것은 위에 서게 됨을.

나 홀로 일행에서 벗어나 수목한계선 밑,
강건한 자작나무 숲을 홀로 소요하면서.
저 나무의 껍질을 벗겨 일각수(一角獸)의 등에
말다래(障泥)를 만들어 걸치고
묵묵히 가죽 안장(鞍裝)을 얹은 후
일격의 박차(拍車)를 가해
하늘로 치솟아 오른 천마총의 주인처럼
하늘로 치솟아 오르는 꿈,

드문드문 횡으로 갈라터진 자작나무의 껍질을 벗겨

천년이 지나도 남겨질 경전 같은 시 한편을 새겨 남기고
홀연히 하늘로 날아오르는 그런 꿈도 꾸었지.

그러나 내가 목도(目睹)한 것은

오만하게 하늘을 향해
치솟아 있는 강건한 자작나무들과,
바람과 맞서다 직각으로 꺾인 자작나무와,
바람과 맞서다 뿌리째 뽑혀
쓰러진 치기와 만용의 자작나무뿐.

생존의 한계를 넘어 바람에 순종하며
슬기롭게 살아남아 있는 사스래나무는
단 한 그루도 없었다네.

나와 같은 길을 걷는 일행들이

하늘 연못에서 하산(下山)하기를 기다리며
홀로 소요하던 세 시간쯤의 백일몽(白日夢).

수목한계선(樹木限界線) 밑
강건한 자작나무 숲.
청천(晴天) 하늘.
오만하고 당당한 자작나무 끝에
낮달 한 조각만이
무심(無心)하게 걸려 있었네.

지평선을 다시 만나다

살아 있는 동안에 다시는 지평선을 볼 수 없으리라 생각했지만 요행으로 살아남아 지평선을 다시 보았다. 죽지 않고 살아남아 마주친 나의 지평선은 6년 전과 다름이 없었으므로 나의 생존은 가치 있었다. 하늘과 맞닿아 일직선(一直線)을 만드는 하염없는 저 황야를 사람들은 각각의 호기심으로 각각의 행로를 만들어 지나가고 장춘에서 훈춘까지 내 생각의 중간쯤에 우리는 잠시 기착(寄着)했고, 그곳에서 나는 평생 마실 만큼의 재스민차를 구해 귀국했다. 내 서재에서 재스민의 향기가 사라지지 않는 한 나는 생존할 수 있으리니 사과배가 스스럼없이 익어가는 연길에서의 향기로운 3박(泊). 살아 있는 동안에 다시는 지평선을 볼 수 없으리라 생각했지만 요행히 살아남아 지평선을 다시 보았으므로 산다는 것이 이즘 향기롭다면 간혹 부리는 만용도 가치 있는 것이리라.

제2부

[서사시]

누가 바람의 푸른 눈썹을 보았는가

■프롤로그

●해동성국 발해, 906년 14대 황제인 대위해가 죽고 마지막 15대 황제 대인선이 즉위한다. 그리고 907년에 중국 역사상 가장 문화가 발달되고 강성했던 당이 절도사 주건충(주온)의 반란으로 멸망당한다. 이와 같은 강력한 주변 국가의 역사적 사건 속에서 거란 태조 야율아보기, 거란제국 건국을 선포하고 거란 태조 야율아보기가 초대 황제로 즉위한 것이다.

●초원의 부족을 통일한 거란의 야율아보기와 술율평은 고구려와 당나라에 예속되었던 지난날 부족의 운명을 바꾸려는 계획을 세운다. 거란은 당나라의 세력이 약해진 틈을 타 서역 정벌에 나선다. 그들은 부족 통일을 통해 획득한 막강한 군사력을 동원하여 정벌군을 조직, 토번, 후량, 해, 실위, 말갈, 탕구트 등에 정벌 전쟁을 일으킨다.

●반면, 안녹산의 난과 돌궐이 744년 위구르에게 멸망하면서, 거란은 서서히 세력을 키우게 된다. 840년 위구르가 내란과 북방 키르키즈족의 침입에 의해 붕괴되고, 당이 크게 혼란에 빠진다. 거란이 강성해진 것은 발해마저 나약해졌던 시기인 900년대 초. 야율아보기가 군사권을 쥐고 권력의 정면에 나선 901년, 거란은 실위, 해족 등 주변 종족들을 정벌하여 그 힘을 급속히 키웠으며, 902년에는 벌써 40만 대군이 되었다.

●915년 야울아보기는 자신의 동생 야율할저와 술율평

의 심복인 임소홍을 발해로 거짓 망명케 한다. 그렇게 해동성국 발해 백두산 강역에 어두운 먹구름이 몰려오기 시작한다.

서

광풍이 지난 들판에 섰다.
바람들 지나가면 그뿐.
마치 아무 일도 없던 것처럼
고요한 적막.
바람에 맞서 끝끝내 겨루던
부러진 나무들만이
스산한 자리에 서서
천년 뒤 그 바람의 기억을
되살리려는 허망한 순례자가 있었다.
발해의 땅.
완강하던 성들은 이미 허물어져 버렸고

땅을 다져 쌓은 외성, 판축의 흔적만이 희미할 뿐.
켜켜이 시간의 잔재들이 먼지처럼 쌓인
그 허망한 들녘에 서서
귀밑머리를 흩날리며 허허하게
웃는 순례자가 있었다.

누군가 이 들판에서
바람의 푸른 눈썹을 보았다고 했다.
누군가 이 강역에 서서
바람에 스며들어 간
말발굽 소리와 푸른 편자의
쇠 냄새를 맡았다고 했다.

순례자여, 그대.
발해, 너무나도 허망하게 사라진 발해의 멸망을
정녕 믿고 싶지 않을 것이다.
순례자여, 그대.
삼일 만에 두 번이나 항복을 했던
발해 끝왕의 기록을 믿고 싶지 않을 것이다.
오로고(吳魯古)와 아리지(阿里只).
요나라의 황제 야율아보기와 황후 술율평이 탔던
말의 이름으로 남은 생을 치욕적으로 살아야 했던
발해의 15대 황제 대인선의
비참한 최후를 애써 외면하고 싶을 것이다.

누가 바람의 푸른 눈썹을 보았다고 했는가.
누가 말발굽 소리, 당당한 말들의 편자에서
아린 쇠 냄새를 맡았다고 하는가.

지금 이곳
중화인민공화국 흑룡강성 영안현 발해진 동경성.
켜켜이 쌓인 시간의 두께만큼
이 땅의 주인들은 수없이 바뀌었다.
그렇게 즈믄 해가 지났고
또 다시 즈믄 해,
서력 기원 926년 1월 3일
이곳 이 땅에
강건하게 서 있던 나라 하나가 사라졌다.
이 땅의 초목만이 여일(如一)하고
이 땅을 지나는 구름만이
이곳을 스치는 바람만이 여일하다.

순례자여.
그대 천년 뒤 이 땅에 찾아와

무엇을 찾으려 하는가.
애써 믿고 싶지 않은 발해의 종말
혹시 그대 차라리 백두산의 폭발과 함께
거짓말처럼 감쪽같이 발해가
사라졌기를 원하고 있는가.

어제의 주인이 오늘의 주인이 아니듯
오늘의 주인이 천년 뒤 주인이
될 수 없을 것. 흥망성쇠,
글자의 뜻 그대로의 역사.
그 영욕과 부침의 진리.
순례자여,
광활한 천 년 전 고구려의 찬란한 영화를 되찾으려 하는가.
지금 이곳은 중화인민공화국
흑룡강성 영안현,

엄연한 타국의 들판.

바람이 분다.
귀가 시리다.

누가 바람의 푸른 눈썹을
보았다고 했는가.

누가 바람 소리에 스며든
말발굽 소리를 들었다고 했는가?

누군들 이 땅에 서서
스스로 부끄럽지 않을 것인가.
누군들 이 땅에 서서
영욕의 무상함이 느껴지지 않겠는가.

그대 시간을 거슬러
천 년 전 그 때 그 시간으로
돌아가 도도한 강물 같은
역사의 흐름을 그 물줄기를
바꿔낼 힘이 있는가.
가당치 않은 꿈을 꾸고 있지는 않은가?

그대 비감한 얼굴로 이 들녘에 서서
되돌려, 되찾을 수 없는 일로 하여
무력했던 사람들의 무능함을 탓하고 있지는 않은가.

순례자여, 땅거미가 지고 있다.
이 들판은 곧 어둠에 덮일 것이다.
한치 앞도 가늠할 수 없는 암흑.
빈 들녘에 홀로 촛불을 켜고 걸어가는,
제 발끝만큼만 비치는
촛불의 광역(光域).
쉿, 바람이 분다.
그대가 밝힌 촛불마저
꺼져 버릴지 모른다.

순례자여,
뼈아픈 역사의 현장을 찾아 나선
외로운 순례자여.

그대 아직도 천 년 전 백두산의 대폭발로
사라져버린 한 제국의 깨끗한
소멸을 믿고 싶은가.
비루먹은 말의 이름을
내려받고 살아야 했던
발해의 끝왕 대인선의
비굴하고 굴욕적인 삶을

외면하고 싶은가.

천손 주몽의 고구려를 계승하고
부여의 습속을 이어받은 나라의
부활을 믿고 싶은가.
천 년 뒤 발해의 옛 땅을
찾아온 순례자여.

이곳이 정녕 그대가 꿈꾸던 발해인가.
이곳이 정령 그대가 믿고 싶었던
강성한 북방의 제국 발해였던가.
바람이 분다.

빈 들녘에 숨어 우는 바람 속
아, 누가 바람의 푸른 눈썹을
보았다고 했는가.

1경

남 1 : 시라무렌강은 푸른 초원을 질러왔어라.

여 1 : 강의 가슴에는 지나다 머문 구름들이 잠시 쉬고 있었다.

남 2 : 라오허강. 라오는 흙이다. 흙의 강, 라오허.

여 2 : 두 강이 모이는 두물머리에 목엽산이 있으니.

남 1 : 아득히 먼 시절
백마를 탄 사람 하나가
마맹산에서 동쪽으로 내려왔다네.

여 1 : 흰 말의 갈기를 날리며 그가 푸른 초원에 찍고 온

전원 :말발굽마다엔 빛의 흔적이 남겨져 있었네.
그의 걸음걸음 별빛이 그의 걸음걸음 달빛이 찍혀 있었네.

여 2 : 해가 떠오르는 곳에서 강을 따라
내려온 사람. 물길마다 그는 빛의 흔적을 남기고 있었으니.

남 2 : 햇살의 각도가 꺾이는 물길마다 말발굽이 찍힌 흰 말의 걸음마다 황홀한 음악이 들렸어라.

여 1 : 서쪽 지평에서 푸른 소가 끄는
수레를 타고 천녀(天女)가 오고 있었네.

여 2 : 평지의 탄탄한 대로를 지나
소나무 숲의 서늘한 그늘을 지나
푸른 소가 끄는 수레를 타고
하늘에서 내려온 여인 하나가
황하 시라무렌강을 따라 내려오고 있었네.
남 1 : 푸른 초원은 숨죽이고
가던 구름도 잠시 멈추었네.
하늬바람을 몰고 오는 여인.
샛바람을 몰고 오는 남자.
바람은 두물머리에서 만났으니,
남 2 : 동녘 바람이 뿌리는 햇살과
서녘 바람이 몰고 온 서늘한 기운이
만나는 곳. 시라무렌강과 라오허강이 만나는 그곳
당당한 산 하나가 버티고 있었다네.
여 1 : 흰 말을 탄 남자가 말했다네.
남 1 : 하늬바람의 여인이여.
서늘한 솔 향을 끌고 온 여인이여
내 이곳에서 그대를 기다리고 있었으니,

나의 샛바람과
나의 별빛과
나의 달빛을
그대의 수레바퀴에 깔아 주리니
내게로 오시게.
내 품으로 드시게.

여 1 : 흰 말을 탄 용사여
하늘의 뜻으로 이 땅에 오신
용맹한 용사여,
그대 내가 펼친 안개의
품으로 오소서.
나는 바람에 끌려,
달빛에 끌려
머나 먼 강 끝에서
해가 지는 곳의 서녘 끝에서
푸른 소의 수레에 앉아
먼 길을 에돌아 왔으니,
어서 오소서.
내 품에 드소서.

여 2 : 두 사람이 나누는 눈길은
그윽했다. 두 사람이 나누는 호흡은
너울댔다네.

남 1 과 **여 1** : 이 산기슭에 깃을 접고
두 강이 모이는 두물머리에
둥지를 틀고
하늘이시여,
우리는 당신이 약속한 땅에서 깃들겠으니
햇살로 축복하시라.
번뜩이는 우레로 축복하시라.

우리 이곳에 깃을 내려
우리 이곳에 둥지를 틀어
당신의 약속을 이루리니,
두 강이 만나 흐르는
요하의 물길로
그 강이 흐르는
초원을 우리들의 들판으로
섬기고 살리니,
오늘 우리가 만나
오늘 당신이 약속한 땅에
깃을 내리고 튼튼한 둥지를 틀어
당신의 뜻을 따르리니,

남 2와 여 2 : 두 강물이 만나 흐르는 저 들판의
끝까지, 두 강물이 만나 큰 바다로 나가는
그곳까지, 당신이 허락하신
초원과 땅을 경영하리니 축복하소서.

전원 : 하늘이여 당신이 미리 점지해두신
약속의 땅이여.
오늘 우리가 만나 큰 강을 이루고
오늘 우리가 만나 저 초원에
흰 말과 푸른 소를 풀어
즐겁게 뛰놀게 하리니,
당신이 허락해 주신 약속만큼의

땅에서 당신이 점지해주신
용맹한 낭군을 모시고 내 이제
당신의 뜻을 이루리니
축복하소서, 하늘이여.
축복하소서, 이 땅을.
축복하소서, 오늘의 민심을.

남 1 : 하늬바람을 끌고
푸른 소가 끄는 수레를 타고 온
여인과 샛바람을 가르며 흰 말은 타고 달려온
하늘 용사가 깃들인 그곳.
두 사람의 만남은 두물머리의
중심에 있었다네.

여 1 : 두 사람의 만남은 나뭇잎이
서걱대는 목엽산의 중심에 있었다네.

전원 : 두 사람은 서로의 힘을 모아
여덟 명의 아들을 낳았으니.
질랄, 품, 돌거, 돌여불, 읕실, 저특, 오외, 날랄…
그렇게 거란의 여덟 부족이 그 땅에 태어났도다.

야율아보기 : 나의 아우여,
눈을 떠라. 이곳은 거란의 땅 대요제국이니
이제 너는 더 이상 장님이 아니다.

너는 훌륭하게 네 임무를 끝마쳤으니
눈을 뜨고 너의 본모습으로
돌아오라.
야율할저 : 대칸이시여, 대요제국의 황제시여.
이제야 돌아왔나이다.
대칸의 명령대로 발해의
심장 깊숙이 숨어 들어가 그들의
속내를 낱낱이 살피고 왔나이다.
청맹과니로 살아온 11년,
나는 오직 대칸의 용서만을
기다리고 기다리고 있었나이다.

아우야 나의 아우 야율할저야
나는 너와 너의 동생 야율안단을
이미 용서했노라.

너를 발해에 보낸 것은 황후의
지략이었으니,
모반의 혐의를 가진 너의 망명을
발해는 의심할 리 없었으리라.

이는 슬기로운 황후의 계략이었으니 누구도 알아채지
못하였으리라.

술율평 : 임소홍은 일어나라 네 공이 크도다.

임소홍은 들어라.
청맹과니로 행세해야 했던
나의 시동생 야율할저를 곁에서
보필해온 너의 공이 크도다.
발해의 황제 대인선과 발해의 중신들 사이를 이간시켜
스스로 무너지게 만든 너의 지략이
너의 무예와 미색이
빛을 발했도다.

너의 웃음은 천만 마리의 말보다
수천 개의 창검보다 위대했으니
당당하게 고개를 들고 나를 보라.

너로 하여 발해의 분열이 일어났으니
이제 스스로 산산조각이 되리라.
너로 하여 대장군 야율할저가 큰 공을 이룰 수 있었으니
오늘의 그 공을 대칸께서 크게 치하하시리라.

너의 지략과 교묘한 화술로
대칸의 가슴에 맺힌 원한이
풀릴 것이리니,
대요제국의 모든 사람들이
너를 우러르게 되리라.

(야율할저와 임소홍)

황후의 밀지를 가슴에 품고
우리들은 눈뜬장님과 눈뜬장님의 첩으로
발해 땅에 살았사오나 거란의 앞날이 우리 둘의 손에 달려있음을 잊을 리 있으리오.

푸른 초원 너머 더 넓은 누리를 꿈꾸는
대칸과 황후의 큰 뜻을 잊을 리 있으리오.
갈기를 날리며 달리는 말처럼
초원을 지나가는 푸른 바람처럼
거침없이 뻗어나갈 거란의 앞날을 잊을 리 있으리오.
창창한 거란의 앞날이 우리 둘의 손에 달려있음
잊을 리 있으리오.

광영이 있으라 대칸의 웅지여
영광이 있으라 황후의 슬기여

야율안단 : 황제여, 거란의 대칸이시여,
발해는 이제 내분에 휩싸여 있습니다.
소홍이 불질러 놓은 계략으로
왕자 대광현은 1,000명의 유민을 데리고
고려로 망명했고,
문신과 무신의 내분으로
그들의 서경 압록부 장수 대원방은
반란을 일으켰습니다.
황제 대인선은 장수 이도종으로

반란을 진압했으나
이도종마저 장수들 간의 알력으로
피살당하고 말았습니다.
그들은 삼삼오오 발해를 떠나
신성 고려국으로 망명하고 있습니다.
이 모든 것이 황제 대인선과 군신의 관계를
미색과 미모로 이간시킨 안소홍의 덕분입니다.

대칸이시여, 이제 때가 되었나이다.

야율아보기 : 기억하라 거란의 형제들이여.
내 일찍 거란의 여덟 부족 수장인 질랄부의
수장의 자격으로
발해왕 대위해에게
이웃 민족 해족과 함께 연합하여
선조의 원수 당나라를 공격하여 오만한
당나라는 결국 무릎을 꿇리자 했거늘
발해왕 대위해는 우리의 제의를 무시하고

우리 사신의 목을 베어 내게 돌렸음을 내 어찌 잊으리오.
기억하라 거란의 형제들이여.
기억하라 거란의 형제들이여.

술율평 : 거란의 대칸이시여 대요제국의 황제시여 그리고 거란의 백성들이여

어찌 그뿐이리오.
우리들 가슴에 맺힌 철천지 원수 발해의 만행이

오래전 영주에서 선조 가한들이
고구려의 유민들과 힘을 합쳐
당나라의 절도사 조홰를 죽이고
669년 영주를 점거했을 때
당나라 측천무후는 우리의 가한 이진충을 이진멸,
대장군 손만영을 손만참이라 부르며
극도로 분노하여 군사를 일으키고 돌궐을 끌어들여
우리의 배후를 치게 했으니
우리의 선조이신 가한은 처참하게 죽고
대장군 손만영도 참패했음은
합치기로 굳게 약속한 발해의 배신.
우리가 돌궐과 당나라에 협공당할 때
그들은 말머리를 돌려 천문령을 넘었으니

선대의 원수 발해의 배신을 우리 어찌 잊으리오.
기억하라 대요제국의 군사들이여
발해가 저지른 두 번의 배신을 앙갚음하라.
처절하게 복수하리라 발해를 응징하라.
제단을 쌓아라 흰 양과 푸른 소를 잡고
신성한 피로서 선조께 고하라.

(군사들이 깃발과 창검으로 무장하고 무대에 들어와 제

단을 만들기 시작한다)

–처절하게 복수하리라 발해를 응징하라
–제단을 쌓아라 흰 양과 푸른 소를 잡고
신성한 피로서 선조께 고하라.

–발해가 저지른 두 번의 배신을 앙갚음하라
갈기를 날리며 달리는 말처럼
초원을 지나가는 푸른 바람처럼
–거침없이 진군하라
처절하게 복수하라
–발해 배신을 앙갚음하라.

–선조들이 흘린 피를 잊지 말라

거침없이 진군하라
처절하게 복수하라

초원 너머 바다까지 가리라

선조들의 치욕을 갚으리라
발해의 배신을 응징하리라

–거란의 용사들이여 대칸의 깃발 아래 모여라
–진격하자. 말 달리자 복수하라 응징하라

2경

(합창과 함께 무대에 제단이 세워진다. 군사들은 제단을 중심으로 도열하고)

(남녀 제사장 4인이 무대로 나온다.)

남 1 : 낮에는 하늘에 태양이 있듯이
밤에는 은은한 달이 있다네.
거란의 대칸 야율아보기의 뒤를 받치는 황후시여
그 이름 술율평.
여 1 : 황후 술율평, 회홀인 아버지 술율파고의 딸이며,
요의 황제 야율아보기의 고종사촌이시니,
거란의 거족 소씨가 어머니인 그는
열네 살 나이에 야율아보기와 혼인했다네.

그의 용맹과 지략은 오늘의 황제
야율아보기를 만들었으니
대칸 야율아보기는 가한 흔덕근의 뒤를 이어
거란 8부의 추대로 가한 대칸의 자리에 오른다네.

남 2 : 질랄(迭剌), 품(品), 돌거(突擧), 돌여불(突呂不),
을실(乙室), 저특(楮特), 오외(烏), 날랄(捏剌)
여덟 부족의 수장들은 어느 날,

야율아보기의 군영에 모이고
창세의 젊은이 야율아보기
질랄부의 추장 야율아보기의 꿈은 장대했으니
거란의 대칸은 윤대(輪代),
순번제로 선출되었으니 대칸의 자리에 올랐다네.

여 2 : 축하 연회가 질랄부 소금호수 곁에서 벌어졌으니
황후 술율평은 소와 양을 잡고 술을 풀었다.

남 1 : 초원의 연회는 성대했다.
거듭거듭 술잔이 돌았고,
고기는 무한정 베풀어졌다.
술율평의 시중을 드는 질랄부의 여인들은
춤과 음악으로 흥을 돋구었네.
술율평은 자리를 잠시 비켜 군막으로 들어갔다.
그리고 품에 품고 있던 독약을 꺼냈네.
그녀는 한 동이의 술에 치명적인 독약을 푼 뒤
그리고 자기 수하의 여시종들을
군막에 부른 다음,
가죽으로 만든 술병 7개를
질랄부 여인들의 손에 건넸다.
여 1 : 모든 것을 원하는 대로 들어줘라.
네 입술을 원하면 입술을
네 몸을 원하면 네 몸을 줘라.
오늘 밤 너희는 젊은 여인으로서

가지고 있는 모든 것을 바쳐
주흥을 돋구고 저 야수 같은
사내들의 음심을 자극하라.
그것은 부끄러움이 아닐지니,
네 부족의 장래와 거란의
대통합을 위한 일이리니,
여인으로 부끄러움은 날이 새면
잊혀지리라.

새벽 별이 떠오르기 전
이 가죽 병에 담긴
술을 일곱 개 부락의 수장들과
그들의 휘하에 가장 용맹한
사내들에게 나누어 줘라.
그들이 원하는 것이면
모든 것을 받아줘라.
입술을 원하면 입술을
너희들의 봉긋한 가슴을 원하면
서슴없이 가슴을 풀어헤쳐라.
사내들 욕망의 불씨를 활활
사루어라.

너희들의 젊음으로
거란의 통합을 이루리니,
오늘 밤 대칸 야율아보기의

영구한 권력을 위해,
질랄부의 영광을 위해
네 몸을 불사르라.

남 1 : 긴 밤이 지나고 아침 해가 솟아올랐다.
초원의 푸른 풀들이
새삼스럽게 햇살 속에 드러났다.
거란 8부의 사내들.
질랄부의 이리근 야율아보기를 제외한
일곱 개 부락의 수장들과
그들의 용맹한 부하들은 아침 햇살 속,
싸늘한 주검으로 나뒹굴고
그날 아침, 황후 술율평의 입가엔
비로소 미소가 번졌네. 아 거란 8부가 통일되었다.
드디어 대칸 야율아보기의 기치 아래 모였다.

남녀 전원 : 하늘의 태양이시여
거란 8부 대인이시여, 거란의 대칸이여.
황후시여 거란의 밤을 비추는 달님이시여
통일된 거란에 광영이 있으라!
하나 된 초원의 민족에게 광영이 있으라!

(야율아보기, 술율평, 야율할저, 대소신료들 갑옷으로 무장하고 무대에 등장)

술율평 : 대칸이시여, 이제 때가 되었나이다.
야율아보기 : 발해의 힘이 과연 이 두 사람의 농간으로
한번에 허물어질 만큼 허약해졌겠는가.
그들에겐 10만의 정예 군사와
각처에 흩어진 기마부대가 있다.
뜻하지 않는 저항에 부딪친다면
지금까지 쌓아올린 신생 요제국의
근간이 무너질 수도 있으리니.
야율할저 : 대칸이시여,
발해로 통하는 가장 빠른 길로 공격하십시오.
제가 소홍과 말을 달려온 그길로 나아가
부여성을 공략하고
홀한성으로 직접 진군하소서.

유이가 내 일주일 만에 주파한 길이오니
군사를 몰아 기습하시면
대칸의 동쪽 정벌은 반드시
성공할 것입니다.

이미 홀한성을 지키는
발해의 군사들은 왕자 대광현을 따라
고려로 망명하였고
서경 압록부는 내분과 반란으로
와해되었사오니
부여부를 공격하시어 함락하고

홀한성, 황제 대인선이 있는 상경 용천부를
말을 달리소서.

술율평 : 황제시여, 거란의 대칸이시여,
우리에겐 서역 정벌을 끝낸
거란 8부의 용맹한 군사들이 있사옵니다.
황제께서 정복하신
간궐, 돌궐, 회흘, 토곡혼, 토번의
30만 군사들이 있사옵니다.

황제의 용맹과 권위에 복종한
그들과 함께 진군하소서.
제가 직접 전장에 나서리라.
갑옷과 투구를 쓰고,
활과 검을 들고
황제와 함께 진군의 선봉에 서리라.
그리하여 황제의 제의를 무시한
그들을 처벌하고 도륙하소서.

손만영과 이진충의 호의를 배신하여
우리 선조에게 참혹한 패배를 안긴
배신자 발해를 정벌하소서.
그리하여 선대의 원한을 갚고
진정한 대요제국의 황제로 거듭나소서.

술율평은 아율아보기의 가슴에 불을 질렀다.

야율아보기는 칼을 빼들었다.
전군과 대소신료들에게 말했다.

우리의 선조가 푸른 소와 백말의
신화를 남긴 목엽산에
거란의 형제들은 집결하라. 출정하라.

내 선대의 원한을 풀고
대 요제국의 힘을 증명하리라.

집결하라.
대요의 군사들이여
목엽산에 집결하라. 내 선조께 출정을 알리리라.

남자 1 : 대칸 야율아보기와
황후 술율령은 제단에 오르고 있었다.

그들이 받쳐 든 쟁반에는
시라무렌강과
라오허강이 만나는 곳
두물머리에서 떠 담은
물이 담겨 있었다.

질랄부의 이리근에서,
거란 8부의 대인으로.
거란 8부의 대인에서,
서력 기원 916년
스스로 요나라를 세우고
신책 원년을
선포한 대칸 야율아보기는
거란의 시조 기수가한
흰말을 타고 동녘에서 달려온
그의 선조와 푸른 소가 끄는 수레를 타고
이곳으로 온 성모, 거란 8부족의 어머니에게 고할
제단을 오르고 있었다네.

두물머리에서 담아온 물그릇을 받쳐 들고
두 사람은 한 걸음 한 걸음
하늘 가까이 가고 있었다.

야율아보기 : 목엽산에 내리신 거란의 시조 기수칸이시여,
그리고 거란 8부족의 어머니신 성모시여,
요나라의 황제 야율아보기는
오늘 선조들의 산에 올라
하늘에 고합니다.

거란 8부족의 통합을 이루고
서쪽의 나라를 평정하고 돌아와

이제 동쪽의 발해를 정벌하러 나서나이다.

저 시라무렌강과 라오허강이
모여 서요하를 이루고
서요하와 동요하가 합쳐져
요하, 큰 강물을 이루어
바다로 흘러갑니다.
하늘이 약속한 땅에서
선조가 닻을 내린 초원에서
우리 거란의 겨레들은
서로 힘을 합쳐 오늘의
제국을 세웠으니,
이제 동쪽으로 나아가서 발해를 정벌하고
선대의 원한을 풀고자 합니다.

거란의 성모시여.
기수칸, 거란의 아비이시여,
우리의 출정을 허락하시니.
저 요하처럼 도도하게 흘러나갈
거란의 대 제국 요나라의 장래와
후손들의 장도를 지켜주소서.
이제 동쪽 나라를 평정한 뒤
칸의 뜻이 닿아 있는
중원을 정벌하여
흰 말과 푸른 소의 만남을

그 신성한 만남으로
이 땅에 뿌리내린 거란 민족의
무궁한 번영을 축복하소서.

요나라의 황제 야율아보기는
성모와 선조께 고합니다. 원한이 가슴에 새겨진
거란을 정벌하고 나 황제 야율아보기는
병술년 가을 초, 반드시 이곳으로 돌아오겠습니다.
서역을 정벌하고
이제 동녘마저 정벌한다면
이 산의 아래에서
발흥한 거란의 형제들은
누구도 넘보지 못할
대제국을 이루는 것이니

선조 기수칸이시여,
거란의 어머니 성모시여,
후손들의 출정을 축복하소서.
오늘 목엽산에서 하늘과 선조에게 고하나니,
거란의 후예들을 축복하소서.
거란의 용사들에게 무운을,
거란의 용사들에게
당신의 힘을 내려주소서.

남자 2 : 거란의 성산 목엽산을 떠난

야율아보기와 술율평은
발해 출정군들이 집결해 있는
오산으로 향했다.

여자 1. 2 : 먹구름이 모여 들고 있네.
바람이 점점 강해지고.
광풍은 예기치 않게 분다네.
광풍이 불기 전 대지는 고요.
바늘 하나가 떨어지는 소리마저
들릴 듯한 적요.
적요의 시간들은 사뭇
두려운 것.
누구나 고요의 두려움을
예측할 수는 없는 것.
다만 핏빛 노을이 유난히 붉다면,
그날 하늘에서 흰 기운이 일어나
태양을 관통했다네.

야율아보기의 후면(後面)에 핏빛 노을이
유난히 선명했다네.
누군가 태양을 관통하는 흰 기운 속에서
흑점을 빠져나온 삼족오 한 마리가
동쪽을 향해 날아가는 것을 보았다고 했다네.
주몽의 하늘을 가르며 동녘을 향해
금을 긋듯 나르는 삼족오들.

불길한 기운은 하늬바람에
실려 온다. 발굽 소리를 죽인 말들이
소리 없이 오산으로 모여들고,
거란은 모든 군사를 집결시키고
있었네.

남자 1, 2 : 황제 야율아보기가 직접 통솔하는
어장친군과 궁위기군,
거란 최정예군인 금위제군,
황후 술율평의 직속 부대인 속산군과
황제 직속의 피심군이었다.

남, 북, 좌, 우, 황.
다섯 개 부대로 나눠진 친위군 3만.
그들은 황제 야율아보기와
황후 술율평을 옹위하고 있었다.
그리고 24만 기마부대 거란 8부족의 대수령 부족군에 향병까지 대칸 야율아보기의 첫 번째 친정이었다.

황제 야율아보기와 황후 술율령,
태자 야율배, 거란의 대원수 야율요골,
남부재상 야율소,
북원이리근 야율사열적, 남원이리근 야울질리
황제 야율아보기의 형제들과 친족들이
갑옷과 창검으로 무장하고 오산에 집결했으니.

30만 대군.

오산, 거란의 집결지에 차려진
제단에는 푸른 소와 흰 말이 준비되어 있었다네.
(야율아보기는 거란의 병사들 앞에서
푸른 소와 백마의 목을 직접 내리쳤다.
솟아오르는 희생물의 붉은 피가 그의 얼굴에 튀었다.

술율평 : 푸른 소가 끄는 수레를 타고 거란의 성모는
백마를 타고 온 신인(神人) 기수가한을 만나
거란 8부족의 선조들은 낳으셨다.
이제 우리는 서역의 8개국을
우리 무릎 아래 복속시켰으니
내 하나의 소원을 이루었다.

이제 선조로부터 누대의 원수
발해를 향해 우리는 진군한다.

대칸께서 동녘의 발해를 친히 정벌하여
천하를 거란의 누리로 만들 것이니,
거란 8부의 형제들이여
서녘 8국의 새로운 백성들이여
발해를 정벌하라.
선대의 치욕을 씻고
배신의 결과가 어떠한지

그대들의 용맹으로 증명하라.

거란의 형제들이여
서역 8국의 백성들이여,
나 황후 술율평은 명하노니
벌러왔던 창검을 드높이 들라.
그대들의 화살로 발해의 황궁에
발해의 왕 대인선의 가슴에 귀전을 날려라.

야율아보기 : 선대의 대칸들이시여,
거란의 후예들은 이제
당나라와 협공의 의리를 배반하고
마천령을 넘은
발해를 정벌하러 나갑니다.

나 요나라의 황제 야율아보기는
선대 대칸들의 호의를 배신한 발해,
나 야율아보기의 천하 구분의 제의를 무시하고
사신의 수급을 베어 돌려보낸
저들의 오만을 징벌하러 나섰으니,
천하를 우리의 말발굽에 복속하리니
선대의 대칸들이시여,
거란의 용사들을 축복하소서.

술율평 : 선대의 대칸들에 고합니다.

황제께서는 선대의 치욕을 갚고자
친정을 나섰으니
내 황후로서
황제를 옹위하지 않을 수 없는 것.
나의 친위부대 속산군의
정예 병사들은 들으라.
죽음으로 황제를 옹위하고
선대의 원한을 풀어
발해를 제물로 삼으라.

(술율평은 자신의 친위부대를 향해
말 등에서 칼을 뽑아들어
명령한다)

대원수 요골과 야율할저

우리는 진군의 길을 에돌아가는
거란도로 가지 않고
부여성을 함락한 뒤
홀한성으로 진군한다.
가장 빨리, 가장 완벽하게
발해를 정벌하라.
나 야율할저가 말을 달려

돌아온 지름길로 진군한다.
기습 공략하라. 저들이 방어하지 못하게
기마부대 채찍을 가하라.
출발하라.
진격하라, 거란의 형제들이여.
오만한 발해의 왕 대인선을
거란의 대칸 앞에
무릎 꿇게 하라.

3경

백두성모 : 누군가 바람의 노래를 부르며
초원을 지나가고 있구나
지워지지 않는 아픔처럼
풀잎에 닿는 바람의 흰 손목은
날카롭게 베어져 피 흘리고 있구나

풀잎들은 푸른 칼날을
숨기고 있었다. 연약하지만
예리하게 바람의 희디흰 손목을
갈라내는 날 선 풀잎.

망망(茫茫) 초원에 바람이 부네
누군가 바람의 노래를
부르며 지나가고 있구나

지평의 끝에서 지평의 끝까지
바람이 불어오는 동녘에서
바람이 사라지는 서녘까지,

바람이 지나가는 자리의

바람보다 눕는 풀잎들, 선혈이 낭자한 초원,
아아 때가 되었구나 바람 앞의 위태로운 등불이여.

(그때 흰 전서구(傳書鳩) 한 마리가 백두성모의 손에 날아와 앉는다. 백두성모 전서구의 다리에 묶인 편지를 풀어 본다. 어두운 얼굴로 훈련에 열중하는 붉은 옷의 여전사들을 내려다본다.)

백두성모 : 멈추어라. 훈련을 그쳐라. 정명은 한발 앞으로 나서라. 오늘 너의 무예를 보리라.

풀잎으로 바람을 가르듯
물총새가 강물 속 물고기를 노리듯
귀를 세우고 잠시 쉿! 기척 없이 뒤로 다가온
적을 베고 나서 큰 산을 넘는 재두루미처럼 날개를 펴고
초원에 숨은 토끼를 노리는 송골매처럼
풀잎으로 바람을 가르듯
물총새가 강물 속 물고기를 노리듯

좌우로
상하로
뒤돌아 좌우로
다시 뒤돌아 비껴 좌우로
좌우로
상하로

뒤돌아 좌우로

다시 뒤돌아 비껴 좌우로

백두성모 : 그만 그쳐라.

정명은 들어라 너는 이곳에 머문 지 몇 년이 되었는가?

정명 : 성모시여 올해로 10년째입니다.

백두성모 : 10년이라…. 이곳은 선계. 선계 시간이 흐르는 곳 인간 세상의 시간으로 100년이 넘었구나. 너의 무예가 절정에 달했구나.

정명 : 아직 부족 하나이다 성모시여.

백두성모 : 누가 정명과 겨루어 보려느냐? 앞으로 나서라.

제가 겨루어 보겠습니다.

(여덟 명 중 가장 키가 큰 여전사가 앞으로 나선다)

이제 그만. 되었다. 정명만 남고 모두 물러가 쉬거라.

백두성모 ; 정명은 듣거라. 이제부터 너는 인간세로 내려갈 준비를 하여라.

정명 : 성모시여 저의 무예가 아직 미숙하온데 어찌 인간세로 가라 하십니까.

백두성모 : 네 조국 발해에 미구에 큰 위기가 닥치리니.

정명 : 그게 무슨 말씀이신가요 발해가 제 조국이라니요?

백두성모 : 듣거라. 정명공주 네 조국은 발해려니, 내 일찍 너와 같이 인삼꽃으로 물들인 붉은 옷을 입고 발해의 문왕 네 아버지 대흠무를 위기에서 구한 적이 있단다.

정명공주 내 딸아 너는 발해의 공주려니
지금은 천선이 되어 하늘에
계신 서왕모의 23번째 따님이신 내 어머니 운화 부인(雲華夫人) 손자려니

정명 : 성모시여 오늘 처음 듣는 이야기인지라 무슨 말씀을 하시는지요?

백두성모 ; 너는 내 딸이며 천선 서왕모의 증손자려니,
네 할머니는 세상 사람들이 요희(瑤姬)라 부르는 그분이려니.

정명 : 제가 성모님의 딸이란 말이 정말이십니까?
그 천선(天仙) 서왕모께서 먼 옛날 우임금 때 홍수가 나서
온 천하가 물로 뒤덮였을,
도탄에 빠져 있는 인간들을 구하고 홍수를 다스리신 운화 부인(雲華夫人)이란 말이십니까.
그렇단다. 너는 천선 서왕모의 증손자 운화부인 완(婉)의 외손녀란다.

여자 1 : 백두성모는 어머니 운화부인의 명을 받들고 긴급히
인삼꽃으로 물들인 붉은 옷을 입고 인간세에 내려가
경박호에 사냥을 나왔다가 호랑이를 만난
발해의 황제 대흠무를 구하라 명을 받았지.
가지고 있는 화살을 모두 써버린 발해황제 대흠무가
굶주린 호랑이의 밥이 되려는 순간
내가 화살을 날려 호랑이를 죽였다네.

그것은 오래 전 일백두성모는 황제를 따라
홀한성 궁전으로 들어갔다네.

그러나 황제보다 호시탐탐 아름답고 용맹한 홍라녀를 탐낸 건
황제의 사촌인 대연사. 그는 부여성을 지키는 성주.
홍라녀는 황제의 명으로 부여성을 지키며
거란의 침략을 물리치란 임무를 받았지.
부여성은 거란의 침략을 막는 튼튼한 방벽.
그곳에서 홍라녀는 전투에 참가했지.
어느 날 거란의 기마부대가 부여성을 쳐들어왔을 때
영웅심에 들뜬 홍라녀는 성문을 열고 혼자 나가
적군과 싸웠네 그러나 중과부적.
위기에 몰린 그때 홍라녀를 구하러 누군가
백마를 타고 나타 났다네.
성안의 사람들은 소리 질렀네.
'백의장군 고상철' 이 나타났다.
홍라녀를 구하라 홍라녀를 구하라.
그는 고구려 고주몽의 후손. 순록을 기르는 북부여에서 찾아온 젊은 장수.
흑수말갈 사람들은 그를 은도바특리라 불렀지.
흰옷 입은 장군이란 뜻이라네.
은인이지 은도바특리와 홍라녀는
그날 밤 사랑을 나누고 앞날을 약속한 뒤
홀한성으로 돌아왔네. 부여성에 사랑하는 사람을 남기고

그것이 잘못이었네. 홀한성 성주 대영사는
거란과 내통하여 거짓 습격을 감행했고
거란에 맞서 출전하는 은도바특리에게
독이 든 술잔을 들게 했다네.
아아 슬퍼라, 백의장군 고상철은 그렇게 죽었네.
홀한성에 돌아온 홍라녀는 전선을 에돌아 달려온
백마의 슬픈 울음소리가 들었네.
백마의 안장 밑에서 죽기 전 백의장군이 흰옷을 찢어
피로 적은 편지를 찾아냈다네.
그제야 대연사의 모략을 알게 되었네.
홍라녀를 서둘러 홀한성에 돌려보낸 이유와
백의장군을 독살한 까닭을.
그러나 이미 그는 살아 있는 사람이 아니었으니
그리고 홍라녀는 은도바특리의 아이를 회임하고 있었다네.
남몰래 숨어 아이를 낳고 두 달 뒤
대영사는 홀한성에 개선했지.
그리고 황제에게 전쟁에서
승리한 공으로 홍라녀를 첩으로 주기를 원했고.

지아비를 죽인 원수와 원치 않는 결혼. 홍라녀는 백의장군의 혈서와 딸의 앞날을 부탁한단 서신을 가슴에 품고 대영사와의 혼례식에 나가서 검무를 추었지.

홍라녀가 추는 검무에 모든 사람이 빠져 있을 때
홍라녀는 대영사의 가슴에 칼을 박았네.
그리고 그 자리에서 스스로 할복했다네.
황제는 홍라녀의 가슴에서 나온 편지를 읽었네.

그리곤 백의장군의 시신을 찾아
두 사람을 붉은 돌로 만든 관에 넣고
아무도 건드리지 못하게 철쇠를 둘렀지.
그러자 시신을 묻은 산은 절반으로 쪼개지고
그 위로 물길이 돌려져 폭포가 되었지
그것이 지금의 경박폭포.
황제 대흠무는 갓 태어난 아이를 자신의 셋째 딸로 삼고
정혜공주 정효공주에 이어서 정명공주라 부르고
열두 살이 되는 해 백두산 선계로 돌려보냈네.

정명공주 : 온화한 햇살처럼
저 하늘의 뭉게구름처럼
자애로우신 성모여
아 나의 어머니시여
이제야 알았어요 나를 바라보시는
당신의 따듯한 눈길을
오늘에야 알았어요.
이 세상에 태어난 나의 의미를

백두성모 : 사랑하는 내 딸아.
하늘을 나는 새처럼 자유롭게
향기로운 풀꽃처럼 아름답게 자라난 정명공주 내 딸아
사람의 운명은 스스로 선택할 수 없는 것
네가 태어난 세상, 난세를 탓하지 말아라.
그것은 네 운명 너를 인간세에

보내주신 높으신 분의 뜻이려니

정명공주 : 저는 늘 혼자인 줄 알았어요.
아버님의 얼굴도 모르는 유복자로 태어나
갓난 아이 때 어머니를 잃어버린 천애 고아로
누구도 돌봐주지 않는 외로운 사슴처럼
세상에 버려져 이를 가엾게
여긴 부왕께서 거두어준 불쌍한 아이
아아 행복해요. 오늘 이 순간
별도 달도 무지개도 온 세상을 얻은 듯
모든 게 새로워요. 나는 다시 태어난 것 같아요.
새처럼 즐겁게 지저귀고 싶어요.
바람처럼 춤추고 싶어요.

백두성모 : 사랑하는 내 딸아, 이리 와서
내 품에 안겨라 보아라.
새처럼 지저귀고 바람처럼 춤추어라.
정명공주 : 내 아버님은 어떤 분이셨나요.
흰 갈기의 백마를 타고
위풍당당 초원을 누비는
기골이 장대한 장수셨나요.
단정하게 윗옷을 여민
수려한 선비셨나요.
저는 누구를 닮았나요.
말해주세요.

거울 속 내 모습은
누구의 얼굴인가요.

정명공주 내 딸아 저 언덕을 보아라.
천선(天仙) 서왕모의 손자이며
운화부인 완(婉)의 딸, 내 이름은 명휘.

그러나 홍라녀,
인삼꽃으로 물들인 붉은 옷을
입고 있다고 사람들은 그렇게 부른답니다.

내 이름은 고경. 사람들은 나를 은도바특리.
흑수말갈의 말로
'흰옷을 입은 장수' 라 부른답니다.
나는 순록을 기르는 북부여
유목민의 아들이지요.
흰옷을 즐겨 입는 백의민족의
자손이라오

나는 순록이 이끼를 뜯는
북방에서 내려왔지요.
광개토태왕이
고구려의 터전을 넓힌
가장 북쪽에서 살다가 순록의 이끼를
찾아 순록에게 먹이로 줄

소금을 찾아 발해로
내려온 천손 주몽의 백성입니다.

발해의 옛 땅 구국 왕성 오동성을
지키는 당당한 발해의 장수랍니다.

백두성모 : 보이느냐 정명공주. 네 아버지가
너를 향해 손짓하고 있구나.
보이느냐 정명공주. 네 아버지가
너를 향해 자애로운
미소를 보내고 있구나.

이곳은 신선들의 세계
지상의 선계.
천상으로 천선이 되어 떠나신
백의장군 은도바특리 네 아버지의
모습이란다.

이제야 알겠어요 이제야 알았어요
나는 이제 외롭지 않아요.
모든 게 새로워요. 나는 다시 태어난 것 같아요
새처럼 즐겁게 지저귀고 싶어요
바람처럼 춤추고 싶어요

즐겁게 노래하는 새들을 보아라

자유롭게 춤추는 바람을 보아라
고산평원에 피는 꽃들을 보아라

바위구절초 두메양귀비 구름송이풀.
사스래나무에 걸린 바람을 보아라
여기는 지상선계 백두성모의 낙원.
춤추고 노래하라 한 마리 새처럼
춤추고 노래하라 들꽃처럼 나비처럼
여기는 지상선계 백두성모의 낙원.

백두성모 : (장검과 단검, 활, 붉은 옷을 정명공주 앞에 내어 놓는다.)

이것이 지녔던 병장기와 옷이란다.
이제부터 네가 홍라녀가 되는 것이다.

거란의 야율아보기가 질랄(迭剌), 품(品), 돌거(突擧), 돌여불(突呂不), 을실(乙室), 저특(楮特), 오외(烏), 날랄(捏剌)의 거란 8부족을 통일하고 요나라를 세워 스스로 태자가 된 뒤 서역을 정벌하고 나서 발해와 20년 전쟁을 끝내고자 황후 술율평을 앞세우고 발해를 정복하려 준비하고 있으니 이제 네가 인간세로 나아가 서왕모의 사신으로 위기의 발해를 구하라.

여자 1 : 옥황상제의 둘째 아들 황제(黃帝)가 치우(蚩尤)와 중원을 놓고 치열한 전투를 할 때, 치우가 비바람을 부르고 연기와 안개를 피워 황제의 군대에게 방향을 잃고 대오를 흐트러트리자 황제는 어쩔 수 없이 군대를 물려 태산 지방으로 후퇴할 수밖에 없었지.

서왕모께서는 몸에 검은 여우 갑옷을 입은 사자를 파견하여, 길이 한 자, 넓이 세 치 옥으로 된 단혈(丹血) 무늬 한 푸른 옥돌 부적을 황제에게 주어 난국을 타개하게 하였다네. 그리고 또 한번은 사람머리에 까마귀 몸을 한 구천현녀(九天玄女)를 내려 보내 황제에게 음양술(陰陽術)을 가르쳐 승리케 하고 중원을 차지하게 하였다네. 순임금이 천하를 다스릴 때 서왕모는 사자를 보내서 백옥환(白玉環)과 백옥피천하의 지도를 내렸는데, 지도를 기초로 구주(九州)로 하여 국가의 영역을 12주로 넓히게 하였고 우임금 때 홍수가 나서 온 천하가 물로 뒤덮이자 운화부인(雲華夫人)을 내려 보내 홍수를 다스리고 도탄에 빠진 백성을 구했지.

정명공주 : 어디로 가야 하나이까.

백두성모 : 부여성으로 가라. 그곳에 가서 네 아버지의 화신으로 지상에 내려와 거란으로 부여성을 지키는 부여성주 고염수를 도와라. 어느 해 네 아버지가 죽음의 직전에서 나를 구했듯 이제 네가 홍라를 입고 네 아버지를 도와라.

정명공주 : 제가 아버지의 화신인 부여 성주를 도우라 하심은….

백두성모 : 이것은 부여 성주 고염수에게 주는 내 선물이다. 자 지금부터 네가 홍라녀란다. 가라. 가서 내 뜻을 전하라.

(백두성모 흰옷 한 벌을 정명공주에게 내어준다)

8명의 여전사들
즐겁게 노래하는 새들을 보아라
자유롭게 춤추는 바람을 보아라
고산 평원에 피는 꽃들을 보아라

바위구절초 두메양귀비 구름송이풀
사스래나무에 걸린 바람을 보아라
여기는 지상선계 백두성모의 낙원
춤추고 노래하라 한 마리 새처럼
춤추고 노래하라 들꽃처럼 나비처럼
여기는 지상선계 백두성모의 낙원

4경

무대 홀한성 조정

무대 열리면 황제 대인선과 조정의 대소 신료들이 모여 있다. 침통한 표정으로 황제를 바라보고 있다.

남자 1과 남자 2 :

남자 1 : 어두운 구름이 몰려오고 있다네.
우레를 품은 구름.
남자 2 : 사나운 광풍이 불어올 것이네.
초원에서 부는 사나운 구름
남자 1 : 어제 살별 하나가 밤하늘에
빗금을 긋고 지나갔다네.
1과 2 : 아아 어두운 징조.
아 불길한 징조 어두운 구름이 몰려오고
사나운 광풍이 불어올 것이네.

등 뒤에 깃발을 꼽은 전령이 황급하게 무대로 뛰어들어 온다.

전령 : 파발입니다, 긴급 파발!
(모든 대소 신료들의 눈이 전령에게 쏠린다.)

거란 황제 야율아보기가 병사를 일으켜 황후 술율평 함께 목엽산에 제사 지내고 15만 군사가 오산에 집결 푸른 소와 흰 말의 목을 잘라 천지에 제사 지내고 지금 우리나라를 향해 출병했다고 합니다.

대인선 : 뭐라 요나라가 침공을 해. 야율할저와 야율안단을 불러라!

호위군 장수 : 황제 폐하, 아뢰옵기 황공하오나 그들은 이 땅에 없습니다. 지난번 조정의 군신들이 격구대회를 벌이는 틈을 타 임소홍과 야율안단은 이미 거란으로 탈출했나이다.

대인선 : 그러면 그들은 거짓으로 망명했다는 게냐. 임소홍마저도….

대인선 : 임소홍이 그럴 리 없다.

그럴 리 없어
그렇다면 그렇다면
아아 내가 청맹과니였네.
눈뜬장님이었단 말인가
내 어찌 그럴 줄 몰랐던가.

그렇다면 그동안 내가 참수한 내 신하들,
억울한 죽음도 무신들이 올린 상소와
서경 압록부의 장군 대원방 반란도
그 반란을 진압한 이도종의 죽음도
모두 그 역도들이 꾸며낸 짓이었단 말인가.

내가 청맹과니였다. 아아 그럴 리 없다.
눈뜬장님이었단 말인가.

세자와 대장군 노상을 불러라.
홀한성을 지키는 장수들을 불러들여라.
누가 저간의 사정을 상세하게 말해보라.

왕모충 : 중대성 우평장사 왕모충이 아룁니다.

폐하 폐하께서 지금 생각하시는 것
모두가 사실이옵니다.
그러나 지금은 누구를 탓하고
누구를 원망할 때가 아닙니다.
나라의 운명이 바람 앞에 등불이러니
누구를 탓하고 누구를 원망하리요.
거란의 간자들이 휘젓고 간
소용돌이 흙탕물이
가라앉길 기다릴 시간이 없나이다.
대인선 : 이를 어쩌란 말이냐
이를 어쩌란 말이야

무신들은 아니 장수들은 말해보라.
백척간두에 선 나라를 어찌할 것인가.

남자 1 : 야율할저를 따라 온 임소홍은 슐율평의 간자였

네. 황제 대인선은 야율할저가 데리고 온 임소홍에게 관심을 갖고 있었지만 안소홍은 대인선을 버리고 당시 어느 고관의 집에 애첩으로 가게 되었지. 그건 야율할저의 계략이었네. 황제는 하여 고관을 죽이고 안소홍을 궁으로 데리고와 후궁으로 삼았네 문관들이 반대상소가 잇따르자, 무관들과 결탁 상소문을 올린 자 관련된 자를 모두 죽였지. 대진국 장수 대원방이 서경 압록부에서 문관들의 억울한 죽음을 슬퍼하며 반기를 들고 이 반란을 일으켰네.

그러나 이는 황재가보낸 진압군 이도종에게 대원방은 죽임을 당했고 누군가 자객에 이도종 또한 피살되었지. 그날 이후 많은 수의 문무백관과 백성들은 살 길을 찾아 고려로 망명을 갔다네. 이 모든 것은 임소홍과 야율할저가 꾸며낸 계략, 눈뜬장님이라 거짓 망명한 야율할저의 계략이었네. 야율아보기와 술율평은 거울 보듯 홀한성의 속내를 들여다 보고 있었다네.

호위무장 신철균 : 폐하, 외람되오나 지금 상경에는 간신히 궁궐을 지킬 군사들 정도만이남아 있을 뿐 노상장군의 휘하에 군사들만이 유일하게 동원할 수 있는 모두입니다. 이미 장군 신덕 등 500명예부경 대화균 등이 100호의 균노사정 대원균, 공부경 대복모, 좌우위장군 대심리 등 100호의 백성을 이끌고 고려로 투항했고, 지난달 좌수위소장 모두간, 검교 개국남 박어 등이 1000호의 백성을 이끌고 고려로 투항했습니다.

대인선 : 부여성을 지키는 군사들은 몇 명이냐.

호위무장 신철균 : 3천입니다.
중과부적 중과부적이라네.
정예군사 3천명이 지키는
부여성이 아무리 철옹성이라 해도
연개소문이 쌓아놓은 천리장성이
아무리 물샐틈없이 단단하다 해도
중과부적 중과부적이라네.

대인선 : 3천의 군사로 거란의 15만 군대와 어찌 맞선단 말이냐. 난감하도다 난감하도다.

호위무장 신철균 : 부여성의 군사들은 정예병들.
영주도 장령부는 세자께서 방비하고 있으니
지금 가장 급한 것은 부여성.

대인선 : 네 말이 맞도다. 대장군 노상에게 부여성으로 군사를 보내게 하라. 거란의 침공을 막게 해야 할 것이다. 노상을 불러라 파발을 띄워라.

5경 아, 부여성!

(무대 무장한 군사들과 장수들이 입장한다.)

야율아보기 : 나 거란의 대칸은 용맹한 나의 군사들에게 말하노라 !

우리들은 이미 서역을 완전히 정벌하였다.

내가 꿈꾸던 두 가지 일 가운데서 한 가지 일은 이미 완수하였으니 하나를 이루었고

이제 드디어 때가 온 것이다.

이제 우리는 발해를 정벌하리라!

발해와의 대대로 내려온 원수는 갚지 못하고

내 어찌, 어떻게 편안히 있을 수 있겠는가.

출정하라! 용맹한 거란의 용사들이여.

나는 병술년 가을 반드시 정벌을 마치고 돌아오리라!

야율할저 야율안단 대원수 요골 대장군 아고지:

질풍처럼 달려가라!

노도처럼 몰아쳐라!

발해의 배신을 응징하라!

군사들의 합창 : 가자 가자 용맹한 용사들아
바람처럼 달려가리
초원을 넘어 바다까지 달려가리
푸른 소와 흰말의 정령을 몰고
대칸의 명을 받들자 대칸의 웅지를 펼치자

야율할저 야율안단 대원수 요골 대장군 아고지 :

거침이 없어라 거란의 용사들이 진군 하는 앞길
장애가 없어라 초원의 용사들이 부딪치는 전투
질풍처럼 달려가라!
노도처럼 몰아쳐라!
발해의 배신을 응징하라!

군사들의 합창
바람처럼 달려가리.
초원을 넘어 바다까지 달려가리.
우리는 초원의 바람
우리는 포효하는 푸른 늑대
우리를 가로막는 자
남김없이 쓸어버리리라.
우리는 용맹한 거란의 용사
대요제국의 군사들이다.

백의장군 : 동요하지 마라 흔들리지 마라.

나는 호태왕의 사신 천손 백의 장군 고상철이다.
지금 부여부 도독 대문진은 상경 용천부 홀한성에 있어
부득이 내가 나섰다.
부여성의 용사들아.
이곳은 고구려 대막리지 연개소문이 쌓아올린
천리장성의 시작, 천년 동안
그 누구도 부여성을 넘은 적들은 없다.
수나라도 당나라도 부여성을 넘어
발해의 땅 부여와 고구려의 옛 땅을
밟은 적은 없다. 동요하지 마라! 흔들리지 마라!

부여성의 군사들 : 누가 부여성을 넘으리요! 누가 철옹성을 깨트리랴!

홍라녀 : 부여성의 군사들이여 발해의 전사들이여
나는 백두성모의 딸 홍라녀다.
금단의 땅에 들어온 오랑캐에게 천벌을 내리리라!
차돌처럼 뭉쳐라. 철벽처럼 가로막아라.
한 치의 땅도 허락하지 않으리라.
누가 부여성을 넘으리요! 누가 철옹성을 깨트리랴!

천년을 지켜왔네 철옹성을 쌓아
한 가닥의 바람도 날아가는 새의 그림자도
넘을 수 없다네 우리들의 부여성.
천년을 지켜왔네 수나라의 황제도 당나라의 황제도
넘을 수 없었네. 우리들의 부여성.

철책을 쌓고 목책을 쌓고 차돌로 에두른 철옹성

누가 우리 땅을 넘보리요 누가 천손의 나라를 침범하리요

백의 장군 만세 홍라녀 만세.

(퇴장했던 거란의 군사들 다시 무대에 들어온다. 무대는 발해 부여성의 군사들과 거란 군사들의 대치 국면)

거란의 장수 아고지 앞으로 나선다

아고지 : 대요제국의 북부재상이며 발해정벌군 대장군 아고지다. 부여성을 발해의 장수는 앞에 나오라 일대 일로 겨뤄보자.

백의장군 : 기다려라 내가 나선다. 나는 호태왕의 사신 고성철이다. 누가 천년 금단의 땅을 엿보는가 기다려라. 내 너의 목을 단칼에 베어주리라.

발해와 거란의 군사들 : 서로를 제압하기 위한 함성으로 두 장수의 결전을 응원한다.

(10여 합의 접전 백중한 실력에 승부가 나지 않자 각자의 군영으로 들어간다.)

홍라녀 : 어디에 숨어 있느냐. 술율평은 앞으로 나서라. 나는 서왕모의 증손, 백두성모의 딸 홍라녀다. 내 너를 응징하리라.

술율평 : 누가 대요제국 황후의 이름을 함부로 부르느냐.

네가 홍라녀냐. 네 너의 목을 잘라 죄 값을 물으리라.

(10여 합의 접전 백중한 실력에 승부가 나지 않자 각자의 군영으로 들어간다.)

거란군의 군령 북소리가 들린다 : 철군하라. 내일 다시 공격하라 철군하라.(거란군 철군한다. 백의장군과 홍라녀만 남는다.)

천선(天仙) 서왕모의 증손이며
백두성모의 딸, 문왕 대흠무의 수양딸인 정명공주입니다.

그러나 지금은 내 어머니 백두성모의 명으로 부여성에 참전한 홍라녀,
인삼꽃으로 물들인 붉은 옷을 입고 있다고 사람들은 그렇게 부른답니다.

내 이름은 고상철. 하늘의 뜻을 받은 대사먼 탭 텡그리의 결정으로 이곳에 참전한 호태왕의 후예랍니다.

나는 순록을 기르는 북부여
흰옷을 즐겨 입는 백의민족의
자손이라오.
홍라녀 : 어디서 보았던가 저 자애로운 눈길을.

아스라이 떠오른 신기루 속의 모습
행여 그분이신가 행여 그분 아니실까.
내 어디서 들었던가 낯익은 목소리.
내 어디서 보았을까 선연한 그 미소.

백의장군 : 혹시 대샤먼이 말한 여인이 이 여인인가.
요동으로 가서 만나리라.
네 전생의 인연을 서둘러 떠나라.
그러면 찾으리라.
전생의 인연을 대샤먼이 예언한
그 여인이 여기 서 있단 말이던가.

(홍라녀와 백의장군의 2중창)
우리 어디서 만난 적이 있었던가요
우리 어디서 옷깃을 스친 적이 있었던가요
풀잎이 바람을 만나 설레듯이
연어가 제 태어난 곳으로 돌아오듯이
이곳을 찾아왔단 말인가.

홍라녀와 백의장군 : 아아 우리 어디서
만난 적이 있었던가요.
아아 우리 어디서 옷깃을 스친 적이 있었던가요.

이렇게 설레며 두근거리는 가슴
아아 우리 어디서 만난 적이 있었던가요.

아아 우리 어디서 옷깃을 스친 적이 있었던가요.

홍라녀 : 이 옷을 입으소서 내 어머니가 제게 주신 선물.
백의장군 : 이 옷은 흰옷
순록을 기르는 북부여의 옷이라오.
홍라녀 : 흰옷 주인이 이 성에서 기다리니 네가 가서
그에게 전하라 하셨답니다.

아아 우리 어디서 만난 적이 있었던가요.
아아 우리 어디서 옷깃을 스친 적이 있었던가요.

(그때 전령이 뛰어 들어온다)

파발이요. 대장군 노상이 지휘하는 지원군 3만명이 부여성을 향해 출발했다 합니다!

(야습이다 ! 거란의 야습이다. 창검을 잡아라)

거란군의 지휘부 군영

야율아보기 : 어제의 야습은 훌륭했도다. 대원수 요골의 전략은 훌륭했도다. 그러나 15만 대군으로 부여성을 지키는 겨우 군사 3천을 어찌 이기지 못한단 말인가.

대장군 아고지 : 부여성을 지키는 삼천의 병사는 발해의 정예군입니다. 저들을 죽음으로 부여성을 지키겠다는 각오

로 우리 앞을 막고 있습니다.

대원수 요골 : 부여성은 철옹성입니다. 당나라의 황제도 수나라의 황제도 저 성을 함락시킨 바 없습니다.

야율안단 : 대칸이시여 부여성만 넘으면 홀한성까지는 아무런 장애가 없습니다. 가장 빨리 가장 신속하게 홀한성으로 진군해야 합니다. 발해의 대장군 노상이 지원군 3만을 이끌고 부여성으로 진군하고 있다 합니다.

야율할저 : 그들이 도착하기 전 부여성을 함락시켜야 합니다. 발해의 부여부 도독 대문진이 홀한성에 있는 틈을 타 저 성을 넘어야 합니다. 발해 지원군을 이끄는 대장군 노상은 걱정하지 마십시오 그는 이미 임사홍의 계략으로 우리 편으로 넘어온 사람입니다. 우리들의 앞길을 가로막지 않을 것입니다.

야율아보기 : 좋다. 오늘은 전열 정비하라. 병장기를 점검하고 성을 공략할 투석기를 준비하라. 대원수 요골과 대장군 아고지와 전력을 다해 공격을 시작하면 이리근(夷离菫) 장군은 성을 에돌아 야율안단을 척후로 숭령(嵩嶺)을 넘어 홀한성으로 먼저 진군하라.

총공격!
거란의 용사들아 부여성을 향해 화살을 날려라.
총공격하라.

(거란군의 전력을 다한 공성전이 시작된다 피아가 구분되지 않는 혼전. 홍라녀와 백의장군의 분투가 조명된다. 순

간 날아온 화살에 쓰러지는 백의장군. 홍라녀 피투성이가 된 백의장군을 끌어안고 오열한다.)

홍라녀 : 물러서지 마라!
하루만 더 하루만 더
지원군이 올 때까지만이라도 부여성을 지켜야 한다!
백두 성모시여. 서왕모시여.
우리에게 힘을 보태주소서. 백의장군 고상철을 살리소서
하늘이시여 천손 고상철을 살리소서.
어찌 사람을 두 번 죽이시나이까.
백의장군을 살리소서. 백의장군을 살리소서!

백의장군 : 아아 중과부적
이것이 발해의 운명.
고구려에 이어진 천년 사직이 이렇게 허물어지다니….
이것이 발해의 운명.
우리는 홍라녀 이것을 받으시오.
내가 가진 마지막 화살이요.
당신의 활로 야율아보기를 겨냥하시오.
당신의 활로로 당신의 손으로
내 마지막 화살을 원수의 가슴에 날리시오.
(백의장군 운명한다)

홍라녀 : 아니되오 이렇게 가실 수는 없소이다.
아니되오 이렇게 가실 수는 없소이다.
그 얼마를 기다리던 만남인데 아스라이 신기루처럼 잠시
내 앞에 나타나시더니 또 이렇게 홀연히 떠나시나이까.

내 이렇게 보낼 수는 없소이다.
얼마나 많은 시간 이승과 저승을 떠돌며
서로가 서로를 그리워해야 하나요.

거란의 군사들 : 저기에 있다. 붉은 옷을 입은 자다 마지막 발해 군사다! 화살을 날려라! (빗발치듯 화살이 날아온다. 홍라녀의 가슴에 화살이 박힌다. 홍라녀, 장검에 의지해 간신히 일어선다. 한떼의 군사들이 홍라녀를 향해 달려온다. 홍라녀 백의장군이 건네 준 화살을 활시위에 건다. 그리고 야율아보기를 향해 활시위를 당긴다. 그때 홍라녀의 등 위에서 거란 군사가 칼을 휘둘러 홍라녀를 벤다. 홍라녀 백의장군의 시신 위에 쓰러진다. 조명 무대 위에 쓰러진 부여성을 지키던 발해 군사의 시신을 비춘다. 3,000명 전원의 옥쇄(玉碎).)

(새끼줄로 몸을 묶은 뒤 신하 300명을 끌고 서서히 걸어 나오는 발해 황제 대인선)

광풍이 지난 들판에 섰다.
바람들 지나가면 그뿐.
마치 아무 일도 없던 것처럼
고요한 적막.
바람에 맞서 끝끝내 겨루던
부러진 나무들만이
스산한 자리에 있었다.

발해의 땅.
완강하던 성들은 이미 허물어져 버렸고
땅을 다져 쌓은 외성, 판축의 흔적만이 희미할 뿐.
켜켜로 시간의 잔재들이 먼지처럼 쌓인
그 허망한 들녘

누군가 이 들판에서
바람의 푸른 눈썹을 보았다고 했다.
누군가 이 강역에 서서
바람에 스며들어간
말발굽 소리와 푸른 편자의
쇠 냄새를 맡았다고 했다.

또 다시 즈믄 해,
서력 기원 926년 1월 3일
이곳 이 땅에
강건하게 서 있던 나라 하나가 사라졌다.
이 땅의 초목만이 여일(如一)하고
이 땅을 지나는 구름만이
이곳을 스치는 바람만이 여일하다.

지금 이곳은 중화인민공화국
흑룡강성 영안현,
수십 번 땅의 주인이 바뀐
타국의 들판.

바람이 분다.
귀가 시리다.

빈 들녘에 숨어 우는 바람 속
아, 누군가 바람의 푸른 눈썹을
보았다고 했다.

■에필로그

남자 1 : 문덕 22년(926년) 정월 기미일, 하늘에서 흰 기운이 일어나 태양을 관통하였다. 흰색은 서쪽의 상징하는 색깔이다. 고구려의 후예로 오랜 시간 만주를 통치한 발해를, 발해 서쪽에서 일어난 거란이 격파함을 암시하는 징조였다. 이듬해 1월 경신일, 마침내 부여성이 함락되었다. 부여성 성주와 성을 지키던 발해군사 3,000명 전원이 옥쇄했다. 거란과 발해의 처절한 공성전 와중에 야율아보기는 발해군이 쏜 화살에 맞아 치명상을 입었다.

여자 1 : 1월 병인일, 발해의 노상이 이끄는 3만의 발해군이 홀한성 인근에서 거란 군대와 교전하였다. 발해의 대규모 정예 병력과 거란군의 첫 회전이었다. 하루 낮밤의 싸움 끝에 발해군이 완파되고, 재상은 거란에 항복하였다. 이날 밤 황성이 포위되었고. 농성 끝에 결국 1월 기사일, 발해 임금이 항복 의사를 내비쳤다.

남자 2 : 1월 신미일, 임금이 흰옷을 입고 새끼줄로 몸을 묶은 뒤 양을 끌고서 신하 3백여 명과 함께 나와 거란 진중으로 가 항복하였다. 같은 달 병자일, 야율아보기는 발해 군대의 무장 해제를 요구. 거란의 대신인 강말달 등 13명이 성 안에 들어가 성 내의 무기들을 수색하였는데, 이에 격분

한 발해의 순라군이 이들을 도륙하였다.

여자 2 : 1월 정축일, 발해 황제 대인선은 문을 굳게 닫고 다시 응전 태세를 갖추었다. 하루 만에 거란 군대가 성을 넘어 황성을 함락시켰다. 야율아보기는 말을 탄 채 황궁에 들어섰다. 임금이 야율아보기의 말 앞에서 꿇어앉아 죄를 청했다. 대인선을 오로고, 황후에게는 아리지라고 불렀는데, 오로고와 아리지는 야율아보기와 그 왕비가 발해의 항복을 받을 때에 탔던 두 마리의 말 이름이었다. 발해는 건국 후 229년 만에 멸망, 역사의 뒤편으로 사라졌다.

남자 1 : 926년 7월 (야율아보기는 발해를 정벌하기 위해 출정하며 병술년 가을 내 반드시 오리라 예언했지만 포로로 잡은 발해황제 대인선과 함께 그 행렬이 부여부에 도착했을 때 부여성 전투에서 얻은 치명적인 상처가 발병하여 그 스스로 나라를 세우고 도읍한 상경 임황부로 돌아갈 수 없었다. 그는 55세의 나이로 부여부에서 그렇게 죽었다. 요사는 그가 죽던 날 황룡이 하늘로 올라갔다고 기록하고 있다.

남자 2 : 그리고 거란의 끌려간 발해의 15대왕 대인선과 황후는 상경 임황부의 서쪽에 성을 쌓고 오로고와 아리지란 이름으로 치욕을 씹으며 살아야 했다.

제3부

아홉 개의 구름과 꿈

서시

모래톱에 남겨진 노랑부리저어새의 발자국을 보았다.
하늬바람을 타고 하늘을 날다 잠시 모래톱에 내려,
몇 개의 발자국을 남기고 노랑부리저어새는
치렛깃을 날리며 다시 하늘로 떠났다.

시작이 있으므로 끝이 있듯 북방에서 날아와
남방으로 떠나는 새의 행로.

어느 모래톱에 잠시 깃을 접고 쉬어가기 위해
남긴 몇 개의 발자국.

그러나 잠시 후 바람은
새의 발자국을 스스럼없이 지울 것이다.

잠시 깃을 접고 지상에
총총총 발자국을 남기고 잠시 머물다
노랑부리저어새는
정해진 길로 떠난 것이다.

하늘을 날아다니는 하얀 민들레의 홀씨를 본 적이 있다.
하늘을 떠다니는 민들레의 홀씨는 바람의 힘을 믿는다.

바람은 민들레 홀씨를 다음 뿌리 내릴 지상의 터전으로
온전하게 향도(嚮導)할 것이다.

그러나 민들레 홀씨는 다만 바람의 힘을 믿을 뿐.
다음번 활착할 지상의 터전을 선택할 수 없다.

모래톱에 남겨진 노랑부리저어새의 발자국을 보았다.
하늘을 떠다니고 있는 민들레의 홀씨를 본 적이 있다.

산(山)의 힘

산 하나를 어렵고 힘들게 넘고 나면,
다시 산이 나타난다.

산들은 산이 끝나는 곳에서 산은 다시 시작되고
두 번째 산을 넘으면
세 번째 산이 우리 앞에 나타난다.
역경(逆境)의 끝은 없다.

사람들이 힘들게 산을 올라

그 산을 정복했다고 말하지만,
산은 그 자리에 그냥 있을 뿐.
산은 굴복하지 않는다.

역경(逆境)의 끝은 없다.
삶의 어느 순간 역경을 딛고 일어서면

또 다른 역경이 나타난다.

산의 힘. 산은 좀처럼 그 모습을 드러내지 않는다.
정상에 올라 내려다보는 산은 산의 전체가 아니라
힘겹게 올라온 외줄기 산길뿐이다.

담대한 꿈

하늘을 나는 새들은
날갯짓을 하면서도 꿈을 꾼다네.

보다 높게 보다 자유롭게
가없는 하늘 그 끝까지
단숨에 도달하는 꿈,

새들이 꾸는 꿈은 가이없지
광대하고 무변한 새들의 꿈

남해 노도(櫓島).
탱자나무 울타리에 갇힌
한 사내가 어머니를 위해
하룻밤 담대한 꿈을 꾸었다네.

하늘을 나는 새처럼
물속을 헤엄치는 물고기처럼

가없는 저 바다
동쪽 끝에서 서쪽 끝까지
북쪽 끝에서 남쪽 끝까지
상상의 노를 저으며

사해(四海)를 자유롭게 헤엄치는 꿈.

꿈과 같고 물거품과 같고,
그림자나 이슬 같고, 번개와도 같은 꿈.

그에게는 꿈꿀 권리가 있으므로.
그의 꿈은 정당하리라.
그의 꿈은 합당하리라.

그 사내가 어머니께 바친 하룻밤.
아홉 개의 구름.
아홉 개의 구름과 꿈.

형산(衡山)의 봄

봄 산 꽃불이 성냥 켜듯
확 일어 매운 겨울은 일시에 사라지듯
봄은 그렇게 불현듯
봄 산에 번져 있었네.

동무들아 이 좋은 때를
어찌 허투루 보내리.

맑은 물에 손을 담그고
고개를 들어 구름을 보았네.
꽃구름이려니,
풀꽃의 향기 번지는 개울가에 앉아
고개 들어 하늘을 보았네.

청청(靑靑). 돌을 던지면 쨍하고
산산조각 깨어질 듯 명쾌하므로

봄꽃 향기에 취해
달아오른 얼굴이야

맑은 물로 헹궈 내면 그만이지만
낮술 한 잔에 오른 취기는 바람결에
흩어지면 그만이지만,
이것은 무슨 향기일까
풀잎이나 꽃향기가 아닌
무슨 향기일까.

아득하게 나를 죽이는
치명적인 향기.

누군가 봄 산에 흐드러지게
피어 있는 산도화 가지를 꺾어내어
바람 앞에 흔들고 있었네.

누군가 봄 산 풀잎의 신선한 초록을
한 움큼 뜯어내어
바람 앞에 흔들고 있었네.

그대여 뒤돌아보지 마세요.

느낌이 오는 대로
마음 내키는 대로
그대여 주저하지 마세요.

한번 흘깃 눈길 스친 인연만으로도
한번 흘깃 옷깃 스친 인연만으로도
우리 만남은 오오래 기억되리니
그대여 뒤돌아보지 마세요.

화사한 봄꽃 향기
그 명랑한 은종(銀鐘) 소리에
우리 서로 마음은 열릴지니,

서로가 서로에게 한걸음씩 다가가
서로가 서로에게 조심스레 스며들어
조화를 이루려니
그대여 뒤돌아보지 마세요.

위를 보면 하늘 길. 굽어보면 가느다란 샛길.
가고자 뜻을 두면 사통팔달 열려 있으리니
그대여 그대 갈길 주저 말고 고르소서.

가거라, 네 갈 곳으로 떠나가라

마음이 움직이면 행동도 따라 가고
마음이 산란하면 초심(初心)이 흔들리니
큰 뜻을 세웠으나 오히려 산란한 마음.

"가거라 이미 시위를 떠난 화살처럼
과녁을 빗나가 버릴지언정
네 가고자 하는 대로 떠나 가거라."

"어디로 가라십니까?"
"어디로 가라십니까?"

소유(少遊), 잠시 세상을 노닐다 떠날 사람

우리는 바람처럼 와서,
잠시 세상을 노닐다 떠날 사람.
우리는 떠돌이별처럼 맴돌다 갈 사람.
지나가다 옷깃을 스친 인연처럼

민들레 홀씨처럼 허공을 떠돌다
어느 땅에 잠시 뿌리 내렸다가
부초(浮草)처럼 다시 떠날 사람.

봄날 소풍 나온 아이처럼
그대 역시 바람처럼 와서 짧은 시간
잠시 세상을 노닐다 떠날 사람.

밤나무 곁에 너도밤나무처럼
바람꽃 옆에 너도 바람꽃처럼

그저 바람처럼 와서 짧은 시간
잠시 세상을 노닐다 떠날 사람.

내 다시 태어나 사과나무가 되리라.

내 다시 태어나 사과나무가 되리라.
내 다시 태어나 물푸레나무가 되리라.

햇살을 품어 향긋한 과육(果肉)을 이루리라.
강건한 목질(木質)로 도끼자루가 되리라.
메질과 담금질로
스스로를 단련하여 강철이 되리라.

내 스스로 단호하리라.

큰 뜻을 세워
반드시 공명(公明)을 이루리라.

뜰 앞에 푸른 버드나무 심은 뜻은 1

이별하는 친구에게 버드나무를 꺾어 건네줌은
새로운 땅에 깊게 뿌리를 내리라는
축원이려니 이별의 정표로 건네주는
버드나무 한 가지에 숨겨진 깊은 뜻.

우물가에 심겨진 버드나무는 목마른 길손의
물그릇에 띄워주기 위함이려니,
버들잎 하나에 담긴 깊은 뜻.

내 집 대문 앞에
심어진 버드나무 심은 뜻은
그대의 말고삐를 묶어두기 위함인데
그대여 어이하여 버들가지 꺾어내어
말채찍을 만드나요.
그대여 갈 길을 재촉 마소.
그대여 행장을 풀고

잠시 내 품에서 쉬어가소

내 오늘 버들가지 천만 실에
내 맘을 엮어 매어 사려 깊은 그대와
달빛 아래 마주하고 즐거운 봄소식을
맺어보리니.

가는 걸음 잠시 멈춰 사려 깊은 그대와
인연의 씨줄 날줄 달빛 함께 섞어
공교(工巧)하게 근사한 휘장(揮帳)을 만들고져
그러니 오늘 내 어이 피하가리.

마당에 두루미 몇 마리를 풀어 놓고

마당에 두루미 몇 마리를 풀어
스스로 춤추게 하고
지나는 길손을 불러
바둑판을 펼쳐 보세

불리한 대국(大局)일랑 질끈 눈감아 버리세나
세상일이란 게 어느 하나
내 뜻대로 되는 게 있겠는가.

그저 마음 내키는 대로 발길 닿는 대로
바람 부는 대로 구름가는 대로 가다보면
그곳을 만나리니 시시비비(是是非非)
옳고 그름을 따지지 말고
형형색색(形形色色) 서로가 각각
제 삶의 방식이 있음을 인정하세나

나는 그런 곳에 살고 싶다네.
마당에 두루미 몇 마리를 풀어
스스로 춤추게 하고 목이 마르면
이슬을 모아 마시며 먹지 않고도
즈믄 해를 살고 싶다네.

금붕어처럼 아니면 제비처럼
금붕어는 빛깔은 곱지만
금붕어를 잡아먹는 사람이 없고
다만 볼품. 아름다운 빛깔과
해엄치는 우아한 모습으로 사랑을 받듯

제비는 집 처마 밑에 둥지를 틀어도
오히려 제 집 찾아준 것을 고마워할 뿐,
제비를 잡아 구워 먹을 생각을 하지 않듯,

우리도 금붕어나 제비처럼

살아서 별다른 근심이 없고,
모든 이들에게 듬뿍 사랑만 받으니
신선의 삶이 이런 것 아닌가?

내 그들이 머무는 선계를 찾아가
노래를 배우고 거문고와 퉁소를 익히리니.
앞뜰에 두루미 몇 마리를 풀고
내 노래에 맞춰 춤추게 하리니.

이보게 동무여 그곳으로 가세나
그저 마음 내키는 대로 발길 닿는 대로
바람 부는 대로 구름가는 대로 가다보면
그곳을 만나리니
우리 그곳에 가서 즈믄 해를 사세나.

미필적 고의(未必的故意)의 헤어짐

그것은 마치
강력한 회오리바람이
바닷물을 하늘로
말아 올리는 '용오름' 현상처럼

전혀 의도한 일이 아니었다.

손톱만큼이라도 미필적 고의가 아니었다.
나는 모반을 피해
남전산에 머물며
하룻밤 거문고와 퉁소를 배웠을 뿐.

그 하룻밤이 춘삼월에서 추팔월이었을 뿐.
추호(秋毫)도 미필적 고의가 아니었음을.

살다보면 가끔은 뜻하지 않게
살다보면 가끔은 의도하지 않게

그렇게 문득 사랑하게 되듯
그렇게 문득 헤어지게 되듯
그것은 미필적 고의가 아니었다.

앵도꽃(櫻桃花)이 피어 있는 집

사랑이란 스스로 찾아오는 것.
애타게 찾을수록 한 걸음 더 멀리

간절하게 원할수록 점점 더 멀리,
그러나 문득 신기루처럼, 홀연히 오로라처럼,
황홀하게 나타나는 것. 그렇게 문득
사랑이란 스스로 찾아오는 것.

앵도꽃이 피어 있는 집에서 하루를 머물고 싶어라.
저 꽃이 지고 나면 붉은 앵도처럼
우리들의 사랑도 알알이 열매 맺으리니.

살구꽃 피어나면 살구가 열고,
배꽃 피면 배가 열 듯,
내 맘속에 석류가 열 듯,
꽃이 있으면 반드시 결실이 맺어지는 것

환한 꽃그늘에 앉아서 꿈꾸는 우리들의 사랑.
그대여 꽃이 진다 슬퍼하지 말게.
바람에 낱낱이 흩어지는 벚꽃의 산화(散花)는
헛꽃의 뭉치인 수국(水菊)보다 오히려 아름다워

바람에 낱낱이 흩어지는 벚꽃의 산화(散花)는,
그 깨끗한 최후는, 아름찬 결실의 예고.

사랑하는 사람이여 앵도꽃 핀
나의 뜨락으로 오소서.

사랑하는 사람이여.
사랑하는 사람이여.

누군가의 가슴에 옹이처럼 박혀 있는 사랑이 옳다

기약 없는 약속이란 허언(虛言)이다.
사람들은 이별을 할 때마다 어느 때
다시 만날 것을 기약하지만
기약 없는 약속이란 허언이다.

만나고 헤어짐은 물과 같은 것.
물이 낮은 곳으로 흐르듯
흘러간 사랑은 다시 오지 않는다.

헤어진 후에도 누군가의 마음속에서
지워지지 않았다면
누군가의 가슴에 옹이처럼
박혀 있는 사랑이 옳다

복선(伏線)

모든 드라마는 반드시 행복한 결말로 끝난다.
비록 시작은 슬펐으나 반드시 행복하게
끝날 것을 믿는 믿음 있기에
주인공의 고난은 안타깝지만 견딜만한 것.
모든 드라마의 최종회는
우리들의 믿음을 배반하지 않는다.

산불로 황폐해진 낙산사 입구 야산에서
불타 고사목이 된 소나무 밑에서 새로 돋아 오른
신생(新生)의 초록을 만난 적이 있다.

어딘가에서 날아온 솔씨 하나의 싹틈일 수도 있고
불심이 깊은 누군가가
심어놓은 1년생 적송일 수도 있는
푸른 소생(蘇生)의 힘을 본 적이 있다.
아니면 깊게 내려져 있던 뿌리에서 다시 솟구쳐 오른
새싹일 수도 있는 그 혁혁한 힘.

혹시 우리가 감내하고 있는 오늘의 역경도
누군가 우리들을 위해
미리 깔아놓은 예정된 복선(伏線).

멜로 드라마란 없다.

드라마를 최종회까지 끌고 나가는 힘은
행복한 결말을 믿고 있는 평범한 사람들의
기대를 배반하지 않기 위해
깔아놓은 복선(伏線)이다.

우리는 슬프게 시작된 드라마를
행복한 결말을 믿으므로
끝까지 복선을 즐길 권리가 있다.

들에 핀 꽃들에겐 반드시 이름이 있다

들에 핀 꽃들에겐 반드시 이름이 있다.
3월의 봄꽃 엘레지와
그중에서 간혹 드물게 나타나는 흰얼레지
'며느리 밥풀꽃' 이거나 '꿩의 바람꽃'
'너도 바람꽃' 과 '은꿩의 다리' …

길 가며 무심하게 지나친 꽃들은

반드시 자기 이름이 있다.

우리가 이름을 모르는 꽃은 있어도
이름 없는 꽃은 없다.
우리가 앞으로 만나게 될 사람들에겐
반드시 이름이 있다.

그가 누군지 어디에 살고 있는지
아직 알 수 없을 뿐.

우리가 구름처럼 살다보며
우리가 바람처럼 살다보면

반드시 만나게 될 사람들.
들에 핀 꽃들에겐
반드시 이름이 있다.

애매함과 모호함에 대하여

물 흐르듯
바람 불 듯
구름 가듯

장고의 반주도 없이
누군가 거문고를 타고 있다.

누군가 술대로 튕기지 않고,
자출성(自出聲)을 내고 있다.
누군가 구음으로 바람을 타고 있다.

슬기덩. 슬기둥.
덩. 둥. 등. 슬기둥. 당. 동. 징. 싸랭.

물 흐르듯
바람 불 듯
구름 가듯

혹여 그대 내가 흘리는
하늬바람의 뜻을 아시나요
혹여 그대 내가 읊조리는
새털구름의 의미를 눈치 채셨나요?
운외표표(雲外飄飄)

내 수작(手作)이 그대 마음에 닿아
잔물결을 일으키리라.
그러나 모호하고
또 애매한 언외언(言外言).

내 스스로 거문고를 부수랴?

백아(伯牙)는 거문고를 잘 탔지.
그의 연주는 막힘이 없어
비를 부르고 바람을 다스렸지.

천천히 가슴속 울림을 줄 위에 실으면
사람들의 눈물샘을 자극했지.

백아 곁에는 종자기(鍾子期)가 있었지.
백아가 거문고를 타면 그의 연주를 듣고
우뚝 솟은 태산을 가려내고
흐르는 물소리를 하늬바람과
마파람을 구분해냈지
종자기와 백아의 지음(知音).

어딘가 나를 알아주는 이가 있어
나의 노래가 존재하듯
종자기가 있어 백아가 있듯
우레와 천둥은 하늘의 소리.

기러기발에 받혀진
명주실의 탄력으로

내 천상의 음률을 익혀
바람과 구름과 달빛을 희롱하며
나지막이 옥적(玉笛)의 곡조를 흘려보내려니

그대는 귀 기울여 바람 소리를 들으시게
가슴속 울화를 실낱처럼 풀어내고
해맑게 화답해 주시게.

혹여 어느 때 어느 시절 어느 곳에서
우리가 만난 적이 있었던가.
청아한 그 음률을 같이 즐겨 보았던가.

혹여 기약 없이 헤어져서 서로를 그리워하다
오늘 다시 만난 것은 아니던가.

그러나 그대 내가 낯설다 하니
오늘 어찌하랴 종자기를 떠나보낸 백아처럼
내 그대 앞에서 이 거문고의 줄을 끊으랴
아니면 이 거문고를 부숴버리랴.

헛꽃

나는 산수국의 헛꽃이다.
유혹의 꽃만 아름다울 뿐
씨앗을 맺을 수 없는,

아름답게 치장을 하고
벌과 나비를 불러 모을 뿐.
단지 그것뿐인 헛꽃.

나는 산수국꽃.
홀연히 거품처럼 사라져버리는
헛꽃.

사람들이 손쉽게 만나 손쉽게 헤어지듯
그대는 잠시 내 품에 머물다 떠나는 길손.

나는 행인 1이다.
무표정하게 당신의 곁을 지나가는

나는 행인 2다.
골목 어귀에 우두커니 서있는
나는 행인 3이다.

주어진 배역에 충실한
그대의 후원에 놓여진 바위나
소나무다.

허구의 숲

허구의 숲에는 가릉빈가가 살지 않는다.
허구의 숲에는 금시조도 할단새도 없다.
그 숲은 그냥 평범한 숲.

만일 아름다운 새소리가 들렸다면
아마 개똥지빠귀 거나
딱새일 것이다.

허구의 숲에 피는 꽃은 '개불알꽃' 이거나 '애기똥풀꽃' 이다.
허구의 숲을 날아다니는 나비는
'수풀 떠들석 파랑나비' 거나
'왕붉은점 모시나비' 일 것이다.

선학동 나그네

이청준의 소설 「선학동 나그네」를
사경(寫經)하듯 필사했다.

포구에 물이 차오르면
관음봉은 한 마리 학으로 물 위를 떠돌았다.

 낭랑한 소리를 지닌 눈먼 소리꾼의 애원성이
하마 내 귀에 젖어 들까싶어 소설로 쓴 시(詩)를
베껴 썼다.
누구나 간절히 원하면 학이 된다.

오늘 소설의 경계를 풀고
날아오른 학 한 마리가
남루한 내 삶의 주변을
오랫동안 배회했다.

아름다운 사람이 사는 곳은
어디나 선경(仙境)이다.

발톱을 숨긴 고양이처럼

그대는 내게 발톱을 숨긴 고양이처럼
은밀하게 스며들어
사랑이란 이름의 칼을 겨누었다.

그대는 내게 밀물 드는 포구의 저녁처럼
시나브로 스며들어 나를 고립시켰다.

나는 당신이 겨눈 칼끝 앞에서 무력(無力)했고
나는 소리 없이 장악한
물의 힘 앞에서 무력했다.

사랑이란 발톱을 숨긴 고양이처럼
소리 없이 다가와 나를 항복시켰으므로
나는 사랑이란 이름의
칼날에 스스로 항복했다.
나는 무력했다.

돌을 깨서 옥을 본다

돌을 깨서 옥을 보듯
석수장이는 그림자 없는 탑을 만들었다.

탑신의 그림자가 연못에 비추는 날
사랑하는 그님을 만날 수 있으려니,
오늘도 석수장이는 돌을 깨고 있었다.

영축산(靈鷲山) 꽃 그림자
내 마음의 호수에 드리우는 날
탑신(塔身)의 긴 그림자가 비치려니,

돌을 캐서 옥을 보듯
오늘 나는 돌을 깬다,

나는 꿈 속에서도 꿈을 꾼다네

나는 꿈속에서도 꿈을 꾼다네.
나는 꿈속에서 나비가 된다네.

빗금처럼 스치는 유성우(流星雨)거나
하늘을 나는 새처럼 바람처럼
경계를 벗어나 자유롭게
내 꿈의 경계는 없다네.

꿈속에서도 명료하게 꿈을 꾸는
몽중몽(夢中夢).

수틀을 펴고

명주 필을 잘라내어 수틀에 끼우고
바늘을 곧추 세워 한 땀 한 땀 새겨가는 자수(刺繡).
흐린 촛불 밑에서 그녀는 모란꽃을 수놓고 있었네.
바늘 끝에 찔려 선홍빛 핏방울이 맺혀가며
이 밤 그녀가 수놓는 모란꽃에는
정말 모란꽃에 향기가 없을까

그러나 모란꽃은 향기로운 꽃이다.
모란의 향기는 단지 진하지 않을 뿐,
모란의 향기는 그윽하다.

잠시 나래를 접은 나비들이 꽃잎에 파묻히듯
사랑에 예민한 사람만이 맡을 수 있는,
있는 듯 없는 듯 모란의 향기는 그윽하다.
누군가 수틀을 잡고 모란을 수놓고 있다.

모란꽃이 피면 나비는 반드시 날아온다.
이 밤 홀로 등불의 심지를 돋우고
붉은 명주실을 골라 한 땀 한 땀
모란을 새기는 여인이 있다.

그녀의 수틀 새긴 모란꽃에
반드시 나비가 날아오리라
믿는 여인이 있다.

심안(心眼)을 열고

핏발 선 눈으로 내가 그를 노려보았을 때,
그는 내 눈길을 외면했다. 사냥감을 노리는
참수리나 매의 눈으로 바라보는 사물은
모두 먹잇감이었다.

내가 저물녘 노을 같은 온화한눈으로
그를 바라보았을 때,
비로소 그는 내게 화답했다.
육안(肉眼)의 시야에 들어 있는 사물은
보는 그대로 있는 그대로일 뿐.

심안(心眼), 마음의 눈을 열고 바라보는 세상.
그제야 보이는 온전한 세계.

나는 바람의 푸른 눈썹을 보았다.
휴면기 나무들의 속살과 겨울을 홀로 버티고 있는
섬마을의 시금치 그 강인한 초록의 생명을 보았다

마음의 눈을 열면 보이는 세상
아 나는 그동안 대낮에도 캄캄한 청맹과니였다.

데자뷔

바람결에 스치고 지나간 노래의 멜로디가
언젠가 한번쯤 들었던 곡조처럼

익숙하게 느껴질 때,

우연히 마주친 행인의 얼굴이
낯익은 오랜 친구의 모습과 겹쳐질 때,

잠자리가 낯선 어느 시골 여숙(旅宿)의 눅눅한 이불.
그 촉감에서 오히려 포근함을 느꼈을 때,
우리는 행복하게 당황한다.

그럴 수 있지 그런 착시(錯視).
그럴 수 있지 그런 명시(明示).

살다보면 누군가 한번은 부딪치는 데자뷔.

오늘 아침 나는 맑은 녹차 한 잔을
아주 천천히 즐겼다.
혀끝에 닿은 아침의 차맛을
나의 혀는 기억할 것이다.

그럴 수 있지 그런 착시(錯視).
그럴 수 있지 그런 명시(明示).

바닷제비(海燕)가 낮게 날면 반드시 비가 오듯

혹시 그대 길 가다 만난 사람이
무심코 말을 걸어왔다면,
그것은 우연히 아니라 누군가 의도적으로
마련한 필연일지 모른다.

동해안에 사는 어부가
수심 400미터 아래서 사는 대왕오징어나
산갈치를 잡았다면 그것은 지진의 징조
달무리가 보이면 반드시 비가 오듯,
바닷제비가 낮게 날면 반드시 비가 오듯,

우리들의 만남도 그러하리라.
우리들의 헤어짐도 그러하리라.

헤어지는 날의 언약(言約)은 부질없다.
뒤돌아서면 잊어버리는 그런 허언(虛言).
누구나 헤어질 때는 다시 돌아오마.
 약속하지만 그때 그뿐.
헤어지는 날의 언약(言約)은 부질없다.

5월 장미가 피고

6월이면 모란이 피듯,
기다리지 않아도 때맞추어
언약 없이 피어나는 꽃처럼
누군가 의도적으로 마련한 필연.
우리들의 만남도 그러하리라
우리들의 헤어짐도 그러하리라.

달빛의 흰 손톱, 그리고 명분(名分)

내가 그대에게 가까이 다가갈
명분이 없으므로 그대가 스스로 내게로 오세요.

밤새 내린 비가 땅에 스며들지 못하는 것은
땅이 비를 받아들이지 못하는 것이 아니라
비가 스며들어 갈 명분이 없음이니
견고한 가슴을 열어 내가 스며들어갈
틈을 주세요.

달빛의 흰 손톱을 잘라 오솔길에 깔고
빈자(貧者)의 등불을 켜
강팍한 그대를 모시 나니
내가 그대에게 가까이 다가갈

명분이 없으므로
그대여 그대가 스스로 내게로 오세요.

칡넝쿨은 왼쪽으로 나무를 감아 올라가고

칡넝쿨은 왼쪽으로 나무를 감아 올라가고,
등나무 넝쿨은 오른쪽으로 나무를 감아 올라
각각 나무를 감싸 오르는 방향이 다른데
중심 나무를 부둥켜안고 서로가 엉킨 타래처럼
갈등(葛藤), 우린 그런 사이인가요.
풀려고 하면 더 복잡하게 꼬이는
해법(解法) 없는 관계.
오늘은 날이 흐리고 비가 올 것 같다.

속셈을 숨기고 사흘 낮 사흘 밤

외씨버선에 감춘 발처럼
속셈을 숨기고 사흘 낮 사흘 밤.
내 맘은 불현듯 드러난

주머니 속의 송곳처럼
감출 수 없어, 어쩔까나
백일하에 드러난 속셈.
못 본 척하고 지나가 주시면
좋을 듯한 가슴앓이.
속셈을 숨기고 사흘 낮 사흘 밤.

휴면기(休眠期) 나무들의 꿈

휴면기의 나무들은 잠들어 있을 뿐,
죽어 있는 것이 아니다.
나무들은 잠들기 전
떨켜를 만들어
스스로 제 몸에서 떨어뜨리어 버린
나뭇잎들을 그리워하고 있다.

휴면기의 나무들은 꿈을 꾸고 있다.
메마른 높새바람에
흔들리던 나뭇잎들의 초여름.

휴면기의 나무들은 꿈을 꾸고 있다.
강풍을 정면으로 견디다

부러져 버린 날의 아픈 기억을
누군가에게 잊혀 지지 않고
기억되고 있다는 것만으로도
오늘의 역경은 견딜 만하다고.

휴면기 나무들은 꿈꾼다,
화려한 소생(蘇生)의 초록 날들을.

뜰 앞에 푸른 버드나무 심은 뜻은

나는 하염없이 바람에 흔들리고 있었네.
흔들리지만 꺾어지지 않고 살아 있었네.

수양버들 버드 새잎 나면 한 해가 지나고
다시 한번 가지 끝에 새잎 돋아
또 한 해가 지나도
나뭇가지를 꺾어 말을 재촉해
떠난 님은 돌아오지 않고,
나는 하염없이 바람에 흔들리고 있었네.
흔들리지만 꺾어지지 않고 살아 있었네.

바람 부는 날 버들피리를 불어
나 아직 여기에 살아 있노라 바람결에
소식을 전했더니 그대 홀연히,
오른손에 버드나무 가지를 잡고
왼손 손바닥을 밖으로 보이는
시무외인(施無畏印).

아무것도 두려워하지 않으리.
그렇게 당당히
양류관음(楊柳觀音)처럼
그대 문득 내 앞에 서있네.

비파행(琵琶行)

공명통에 초승달 두 개가 떠있다는
비파 소리를 들은 적 없어
백거이(白居易) 비파행의 그 님을 만나고자
비슬산(琵瑟山)에 갔다네.

흰 손톱을 세워 밖으로 타면 비(琵),
안으로 타면 파(琶).

그러나 내가 만나려던 님은
바느질 자취도 보이지 않는
천의(天衣)를 너울거리며
꼬리가 간 긴 꽃구름을 타고
이미 푸른 하늘로
올라가 버리고 말았다네.

공명통에 초승달 두 개가 떠있다는
비파 소리를 들으려 비슬산(琵瑟山)에 갔다네.

흰 손톱 달 은빛 달빛. 비파 소리는 없었네.
매운 겨울바람 소리만 골짜기를 스치고 갈 뿐.
내가 만나려던 님은
지난 봄 꼬리가 긴 꽃구름을 타고
하늘하늘 창공(蒼空)으로 올라가
버리고 말았다네.

칼춤

칼끝에 살기를 빼면 춤이 된다.
누군가 칼춤을 붓글씨 쓰듯 한다고 했다.
누군가 칼춤을 물 흐르듯 춘다 했다.

그러나 살기를 숨긴
그의 칼끝에서는 늘 푸른 바람이 불었다.

이 풍진(風塵) 세상

나의 삶은 역역(力役)했다.
나의 삶은 비온 뒤 하늘처럼 창창(蒼蒼)했다.

공연이 끝나고 역할을 마친 배우가 옷을 갈아입듯
가을나무들이 낙엽을 떨구듯,
남루한 삶을 훌훌 벗어 버리고
이 풍진(風塵) 세상 홀연히 떠나려니.
나의 삶이 역역(力役)했으므로 오히려 슬픈,
나의 삶이 비온 뒤 하늘처럼 창창(蒼蒼)했으므로
오히려 더 허전한 아 이 풍진(風塵).

웅변보다 위대한 섬의 침묵

시작한 곳이 곧 끝나는 곳임을 나는 안다.
다시 돌아와 모든 것을 끝낸 출발점에서
올레길을 걸어보면 안다.

우리가 임의(任意)로
선택한 한 곳에서 출발해 섬 전체를 돌아
완주한 지점이 바로 바로 우리가 임의로
선택한 한 곳이라는 것을.
우리는 그 길을 걸으며 태평양으로 향하는
대양의 시작점과 만났고 푸른 파도가
현무암의 바위를 때리는 파도 소리를 들어야 했다.

아니면 8색조의 바다의 해조음을 느껴야 했다.
화산이 폭발하며 솟구친 붉은 용암이
바다와 만난 곳에서
솟구쳐 오른 육각의 주상절리(柱狀節理).
바람은 언제나 우리들의 측면에서 불고,
그 섬의 침묵은 웅변보다 위대했다.

스스로 섬을 찾아 묵묵하게
길을 걸어 본 자들은 안다.
진공묘유(眞空妙有)

그것은 텅 빈 충만임을.

우리가 무엇을 찾고자 이곳에 와 있는지
스스로 섬을 찾아
묵묵하게 걸어 본 자들은 안다.

그 모든 것이 구름이요 바람이요 꿈이었던 것을.

바람은 언제나 우리들의 측면에서 불었다.
구름은 언제나 우리들의 머리위에 있었다.

한 사내가 잃어버린 소를 찾아 나섰네

–반본환원(返本還源)

한 사내가 잃어버린 소를 찾아 나섰네.
숲에 들어 가시덤불을 헤치고 헤매다
그 사내는 소의 발자국을 보았네.

개울에 와 물을 먹던 소는
여기저기 제 발자국을 남겼고
사내는 소의 발자국을 따라
다시 숲길을 걸었네.

숲속에는 새들의 둥지가 있었네.
알을 품고 있던 새들은 기척에 놀라
경계의 소리를 내며 지저귀고
몇몇 새들은 푸드득 하늘로 솟구쳐 올랐네.

사내가 찾던 소는 그 곳에 있었네.

사내는 거칠게 저항하는 소에게 고삐를 매고
채찍을 들어 소를 장악했네.

그러나 소는 저항하지 않았다네.
오히려 순순히 사내를 따라왔네.
사내는 순한 소의 등에 올라 피리를 불었네.
사내가 소를 몰고 집으로 오는 길.
처연하게 저녁놀이 지고,
물은 여전히 잔잔하고
때가 되었으므로
꽃들은 스스로 가슴을 열어,
붉게 피어나고 있었네.

사내가 소를 타고 집으로 온 뒤
문득 소는 시야에서 사라지고
사내의 손에는
쓸모가 없어진 고삐와
빈 채찍만 남아 있었네.

■대담

마치 저 높은 산의 눈과 같고

김 태 철
(시 인)

대담을 시작하며

백두산 아랫마을 설산을 헤치고 미인송을 베고 누운 시인이 내내 생각난다. 김용범 그는 원적(原籍)이 평안남도 평양, 신양리 안골인 사내이다. 이 대담은 김용범 선생의 제15시집 발간에 즈음한 것으로, 그의 한양대 연구실인 '무애헌' 에서 2019년 1월 19일 4시간 가량 진행되었다.

1. 연혜사숙(淵兮私塾) 이야기

김태철 : 선생님의 제15시집의 원고『누가 바람의 푸른 눈썹을 보았는가』를 잘 읽어보았습니다. 시집은 3부로 구성되어 있는데 15편의 서정시「백두산 아래 나의 집」묶음과 서사시「누가 바람의 푸른 눈썹을 보았는가」,「구운몽」

의 행간을 파고든 오페라 아리아 형식의 36편으로 씌어진 연작 서정시 「아홉 개의 구름과 꿈」으로 이루어져 있습니다. 이번 시집이 가지는 특별한 의미가 있나요?

김용범 : 시인이 때가 되어 한권의 시집을 묶어낸다는 것은 시인으로서 너무나 당연한 직무지요. 한권의 시집을 엮고 가까운 시우들과 시집을 나누며 읽으며 자신의 존재를 확인하는 일보다 더 중요한 소통은 없을 것입니다. 이번 시집은 한양대학교 문화콘텐츠학과 교수로서 정년을 맞게 되어 그간 후생(後生)들에게 진 마음 빚을 이 시집 한권으로 갚아 볼까 하는 생각에서 발간 시점을 정년에 맞춘 것이랍니다.

김태철 : 선생님의 문하생들은 한양대 국문과, 중앙대 예술경영과, 한양대 문화콘텐츠학과가 주축이고, 또 다른 한 갈래가 있지 않습니까. 오늘 대담을 하는 저를 포함한 일단의 구성원들이 모인 사숙(私塾) 말입니다.

김용범 : 한양대학교 문화콘텐츠 학과는 2004년 에리카 캠퍼스에서 문을 열었어요. 저는 2006년에 부임했습니다. 그리고 2007년 대학원에 석박사과정이 개설되지요. 문화콘텐츠학과란 낯선 이름의 새로운 학문 영역이 열린 것입니다. 그곳에 터를 잡고 저는 최선을 다했답니다. 에리카 문화콘텐츠학과의 학부와 석박사 과정에서 공부한 친구들과 달리 이전과 이후 사적으로 제 문하에서 공부한 친구들이 부르는 이름이 바로 '연혜사숙(淵兮私塾)' 이랍니다. 1995년 행당동에 마련한 통합문화연구소 멤버들인데, 김응환 소장을 필두로 모두 한집안의 사위가 된 신동호, 김태

철, 정진헌을 비롯해서 김훈겸, 유병수, 임병희, 임형재, 전영선 등이지요. 이제는 나라의 큰 동량(棟梁)으로 자리 잡은 친구들과 튀빙겐대학, 중국 중앙민족대학, 건국대학 등의 교수로 자리 잡은 친구들이랍니다. 그리고 김예풍(서남 민족대)을 비롯해서 권혁률(길림대), 김철준(연변대), 김홍련(천진 사범대), 김룡범(청도 해양대), 황영철(산동대), 김운봉(연변 예술대). 장룡(연길 소년궁), 김길자, 양동남(연변 서예가 협회) 등 조선족 제자들도 있지요.

김태철 : 연혜사숙 멤버들의 면면을 보면 이번 시집에 시편들의 맥락과 무관하지 않은 것 같습니다.

김용범 : 무관하지 않은 것이 아니라 깊은 연관이 있지요. 사숙의 시작은 북한 연구와 중국 동북삼성 지역의 조선족들의 삶과 문화 우리가 접근할 수 없었던 고구려와 발해 등의 관심사를 공부하자는 취지로 시작된 것인데, 그곳에 모인 젊은 후생들은 시인이거나 정통한 북한 문화연구자이거나 사회인류학 학도, 연변 조선족 학자들로 내가 꿈꾸던 1990년대 나의 40대와 50대의 지향(志向)을 실천해 준 친구들인데, 이 시집에 실린 시들이 잉태되고 숙성되는 전 과정을 동행해 준 도반(道伴)들이지요. 그들은 아무런 전제 조건 없이 연변으로 유학을 떠났고 국문과가 아닌 문화인류학과에 진학했으며, 나의 문학적 학문적 '오만과 편견'을 묵묵하게 따라준 청출어람(青出於藍)의 친구들이지요. 그렇게 본다면 저는 군자삼락의 마지막인 '得天下英才 而教育之' 즉 천하의 영재를 얻어 교육하는 행운을 얻은 셈이지요. 사숙을 포함하여 석박사 100여 명을 지도할 수 있었다

는 것만으로도 뿌듯합니다.

2. 『백두산 아래 나의 집』-혹은 살아있는 지평선

김태철 : 이번 제15시집의 1부는 고구려와 발해의 강역에 뿌리 내리고 살고 있는 중국 조선족들과의 이야기가 주축이며 선생께서 직접 체험한 그곳의 삶이 바탕이 된 시편들인데, 저는 뒤에 이어지는 2부 서사시의 오늘날 배경이라고 느꼈습니다. 특히 며칠간의 백두산 여행을 획하고 다녀온 사람들의 시각으로는 포착할 수 없는 소재들과 표현들이더군요.

김용범 : 연변은 제가 한중 수교 전인 1991년부터 공적으로 또는 사적으로 무수히 탐방했던 곳입니다. 줄잡아 70여 번 정도 그곳을 찾았지 않았나 싶은데 그 중 제일 오래 머문 시간이 2012년이었지요. 그 해는 연변 조선족 자치주 창립 60돌이 되던 해였고, 60년간 그들의 삶을 그린 〈장백산 아래 나의 집(長白山下我的家)〉이란 29부작 TV 드라마가 방연된 해이기도 합니다. 이 작품은 CCTV 1채널을 통해 중국 전역에 방영되었는데, 그때 마침 연구년을 맞아 연변대학에 체류하고 있는 동안 본 이 드라마와 같은 제목의 시를 썼지요. 소재나 시의 내용이 당연하게 낯설겠지요. 그건 아마 시 속에 스며 있는 연변 풍경이 불쑥 드러났기 때문이겠지요.

김태철 : 저는 1부에 실린 시 15편에는 두 가지 의미가 있다고 보았는데, 그 하나는 그동안 체험하셨던 연변의 내

공이면서 2부 발해 서사시의 〈오버츄어〉 즉 서곡의 의미도 있지 않나 싶습니다. 제가 이중적으로 중첩된 시의 내용을 추려 보았는데 다음과 같은 것들이었습니다.

> 저 노새 청노새 한 마리를 서울로 끌고 가 가끔 당근이나 몇 개 주면서 중랑천 내 집 앞 장미 꽃길 산책이나 하거나 경동시장 야채가게에 물건을 사러 나서 봐. 몹시 흐뭇할 게야. 제법 독특할게야 내 늘그막의 풍경이… 차라리 은퇴하고 연길로 들어가 살아볼까. 참으로 즐거운 공상(空想)
>
> –「청노새」 부분

> 아 나는 지금까지 청맹과니, 눈뜬장님이었구나. 사물의 내면을 들여다보지도 못하며 개미핥기처럼 詩의 겉핥기만 하고 있었구나. 헛웃음만 나오는 시업(詩業) 40년의 허망한 경영(經營).
>
> –「청맹과니 타령」 부분

> 발해는 신기루인가. 신기루의 나라 발해는 굳이 발품팔며 찾아다닐 필요가 없는 나라. 상상력만으로도 충분히 유추되는 나라. 그런 오로라 같은, 신기루 같은 나라. 그런 발해 옛 땅을 30년간 찾아다닌 내가 바보일까. 건강이 추슬러지면 다시 한번 가보고픈 나라 발해.
>
> –「다시 한번 가보고픈 나라 발해」 부분

> 진달래가 필 때 나는 반드시 내가 태어난 고향 경북 울진군 후포를 거쳐 속초에서 배를 타고 훈춘을 찾으리라 내 다시 한번 더 오기 위해 남겨놓은 쉼표 같은 마을. 연

변 조선족 자치주 훈춘시 삼가자 만족 자치향.

–「쉼표 찍기」 부분

김용범 : 이건 좀 의도적으로 추려진 것 같네요, 그냥 15편의 연변 풍경을 소재로 한 시 정도로 읽어 주셨으면 합니다. 다만 제가 돌아다닌 곳들이 백두산 관광 여행 코스에서 벗어나 있을 뿐이지요. 이 시들을 소시집으로 발표하고 나니 몇몇 지인들이 그곳에 동행해 달라는 부탁이 많아요.

한번 문학 기행 겸 기러기도 잡아먹고 붕어회도 먹으러 가자 하기에 허허 웃곤 한답니다.

3. 서사시 「누가 바람의 푸른 눈썹을 보았는가」 – '바람에 맞서 끝끝내 겨루던 나무들은 부러진다'

김태철 : 선생님께서는 고구려와 발해의 강역인 중국 동북삼성 지역을 25년 동안 쉼없이 달려오셨습니다. 바람이 되어 풀잎이 되어 어쩌다가는 비루먹은 말이 되어 현장에서 역사를 보고 실증하고 상상하고 노래하며 15번째 시집을 내셨습니다. 「누가 바람의 푸른 눈썹을 보았는가」는 70여 차례나 현장 조사를 해온 발해의 멸망을 다룬 서사시입니다. 백두산 강역 해동성국 발해(渤海) 역사를 바탕으로 경박호의 신화적 내러티브 〈홍라녀〉의 의로운 죽음을 연결하여 서사성을 증폭시키고 있습니다. 발해의 후예임을 자처하며 역사와 강역의 상실을 상경 용천부의 기왓머리에 올라 호곡하듯 쓴 서사시가 바로 「누가 바람의 푸른 눈썹을

보았는가」라고 저는 읽었습니다.

김용범 : 한중 수교 이전 고구려 탐사에서 자연스럽게 발해로 문화 영토를 확장해야 한다는 생각을 했어요. 우리 역사에서 '발해' 만큼 창작 소재로서 매력이 있는 아이템은 없을 것입니다. 한중 수교로 죽의 장막이 열리자 김일성종합대 박시형 교수의 『발해사』와 유득공의 『발해고』를 바탕으로 현지탐사를 시작했어요. 나와 함께 발해를 답사한 동반 시인들은 지금 기억으로도 꽤 많아요. 상희구, 홍우계, 전윤호, 최영규, 강철수, 권갑하, 김삼환, 안명옥 등. 연변쪽 조력자들도 많았어요. 연변대 총장으로 동경 용천부 발해진이 고향인 김병민 총장과 연변대 발해사 연구소 소장인 방학봉 교수, 오랜 친구인 연변대학 조문계 교수 김호웅 등이 방조(傍助)해 주었지요. 특히 조선족 작가 유연산과의 만남은 내게 중요한 의미를 가진답니다. 조선족 작가인 유연산은 그 자신이 무엇을 탐구해야 하는가를 정확하게 인식했던 친구지요. 그는 내게 고구려와 발해를 향하는 나의 탐사가 얄팍한 지적 호기심, 그 이상도 이하도 아니었구나를 깨닫게 했지요. 그는 우리나라에서 펴낸 『발해가는 길』의 저자인데 유연산을 만나고 난 후 나는 깊이 절망했지요. 요즘 표현대로 '넘사벽' 이랄까, 발해라는 벽과 한계를 분명하게 깨닫게 되었어요. 왜냐하면 그는 조선족이므로 연변대에서 축적한 발해 연구나 발굴 유적 조사의 풍부한 자료와 함께 언어의 장애 없이 동북삼성 일대의 유적지 현장을 자유롭게 출입하지만, 잠시 짬을 내서 나그네같이 현장을 찾아야 하는 우리는 지적 호기심에 들떠 수박 겉핥기처

럼 발해를 꿈꾸었다는 각성을 주었지요. 그런데 앞으로 많은 도움을 받을 것으로 기대했던 유연산이 2011년 1월 타계하자 나의 발해 프로젝트는 일시 중단됩니다.

김태철 : 2012년 9월에 연변대학으로 연구년을 떠나신 것은 작가 유연산 교수가 타계한 뒤였군요.

김용범 : 그렇지요. 나로서는 가장 중요한 조력자를 잃어버린 셈이지요. 발해에 대한 나의 집착은 원점에서 다시 시작해야 했어요. 무엇인가 돌파구를 찾아야 했어요. 2012년 9월 연변대학교로 연구년을 떠납니다. 유득공의 『발해고』를 끼고 돈화, 훈춘, 경박호, 동경성을 처음부터 다시 더듬고 탐사합니다. 그러다가 홍라녀 전설을 기본축으로 삼자라는 궁즉통(窮則通)의 돌파구가 생긴 것이지요.

김태철 : 서사시 창작에서 역사적 사실에 기초한 바탕과 세부 형상의 진실성, 나아가 현대성의 원칙에 기초한 창작적 환상이 바탕이 되어야 창작을 할 수 있었을 거라는 생각이 들어요.

김용범 : 그렇죠. 나는 한동안 현장 탐사와 역사적 사료에 집착했습니다. 나는 발해의 역사에 대한 연구가 부족하다는 생각으로 『요사』, 『금사』, 『자치통감』과 『발해고』를 탐독하였습니다. 참 많은 세월과 정력을 쏟았죠. 그러다가 문득 '나는 발해의 역사를 연구하는 역사학자가 아니다' 라는 자각(自覺)이 온 것이지요. 유연산의 타계를 빌미로 내가 지니고 있던 모든 사료를 내던지고 나니 오히려 상상력의 물꼬가 트인 것이지요. 크리스토퍼 보글러의 틀을 바탕으로 홍라녀 설화 중 「홍라녀와 은도바특리」 형 설화를 내려

티브의 핵으로 신화적 상상력과 새롭게 전설 유형들을 융합하여 『누가 바람의 푸른 눈썹을 보았는가』를 완성하게 됩니다. 25년 만에 비로소 박시형의 『발해사』와 유득공의 『발해고』라는 굴레에서 벗어나 문화콘텐츠학과 교수 자리로 돌아온 것이지요.

김태철 : 저는 작품 읽기를 통해 '소재주의를 극복하고 풍경에서 초월' 하기 위해 선생님께서는 홍라녀 설화의 화소들의 변형과 중층적 복합구조라는 서사적 장치를 마련했다는 사실을 발견했습니다.

김용범 : 김태철 시인의 말대로라면 제가 엄청난 일을 한 셈이네요. 내가 파악한 바로는 발해의 강역은 중국 흑룡강성과 길림성 일대입니다. 이것은 엄연한 현실 영토지요. 그러나 우리가 우리 말과 글로 발해를 다룬다면 그 발해는 우리의 문화 영토라고 생각한답니다.

김태철 : 제가 파악하기로는 서사시 『누가 바람의 푸른 눈썹을 보았는가』는 발해 멸망이라는 역사적 사실과 홍라녀 설화를 결합한 '여성 영웅 서사시' 입니다. '여성 영웅 서사시' 등 동아시아 여러 민족의 구비 서사시들은 엄정한 의미의 영웅 서사시 개념 및 이론에 의하면 '영웅 서사시'가 존재할 수 없습니다. 영웅이 주술적 방법을 사용하여 과업을 달성하는 내용의 서사시, 예를 들면 몽골과 티벳에서 전승되고 있는 '게세르 신화' 나 백두성모의 딸인 홍라녀 이야기는 백두산 신화의 새로운 창조입니다. 그러나 홍라녀는 민족의 삶의 질서를 만들거나 재편할 수 있는 능력을 발휘하는 영웅은 아니었다는 점을 주목해야 합니다. 그래

서 어려움에 처한 발해를 구하기 위해 숭고한 죽음을 맞이하는 비극적 영웅의 형상으로 창조되었다고 할 수 있습니다. 따라서 서사시 『누가 바람의 푸른 눈썹을 보았는가』에 제시된 서사적 영웅은 현실세계의 승리자인 요제국의 건설자이자 발해의 침략자인 야율아보기와 술율평의 서사와 죽어도 죽지 않는 발해 민중의 염원을 체현한 백의장군 고상철과 홍라녀 정명공주가 서사적 대결과 긴장으로 전개된다는 것이 핵인 것이죠.

김태철 : 작품의 구조와 내러티브를 정리해 보았습니다. 우선 주인공 홍라녀 1, 2와 조력자 백의장군 1, 2는 보통사람보다 매우 우월합니다. 특히 홍라녀1, 2는 인간계와 선계, 현생과 내세를 넘나드는 존재이죠. 서사시는 백두선계라는 이상적 대동세계의 공간과 거란의 침략과 살육이 넘치는 부여성, 내분과 욕망과 이간계에 휘둘리는 발해의 조정 홀한성의 공간입니다. 주제 면에서 볼 때에도 삶에 대한 발해사 부활의 추구라는 총체적 비전을 제시합니다. 그리고 신화 서사시 구조에 맞는 열두 가지의 정서적 서사 요소로 형상화되죠.

홍라녀 설화의 원형설화 중 「홍라녀와 은도바특리」 설화를 바탕으로 작가의 민중 신화적 상상력을 통한 2차적 가공에 의해 새로운 홍라녀 신화가 탄생됩니다. 순례자에게 발해의 멸망, 발해의 최후가 비참했음을 알리며 시작되며 1경에서는 거란의 통일과 야율아보기, 술율평 등 방해자의 영웅적 비범성을 노래합니다. 2경에서는 발해의 침략을 위한 명분과 이간 책동의 성공을 방해자의 조력자인 야율할저와 안소홍의 형상으로 심화합니다. 3경에서는 민중 염원의 주체로서의 홍라녀 1(명휘)과 백의장군 1(은도바특리)의 영웅적인 희생과 비장미 넘치는 최후를, 4경에서는 발해 내부의 분열로 항전 능력을 상실한 발해 마지막 왕조의 실상을 시련으로 제시하고, 5경에서는 홍라녀2(정명)와 백의장군2(고상철)의 비극적 최후와 민중영웅으로의 부활을 노래하고 있습니다. 이 작품의 1경과 2경에서 그려진 부정형 인물이자 서사의 방해자인 야율아보와 술율평의 형상 창조에 너무 많은 정력을 소비한 것은 아닌가 하는 의문이 들더군요.

김용범 : 서사시 『누가 바람의 푸른 눈썹을 보았는가』의 발단은 야율아보기의 신이(神異)한 탄생과 관련이 깊습니다. 거란의 성산인 목엽산(무예산)에서 흰말을 탄남자 백마선인(기수가한)과 소를 끄는 하늬바람의 여인인 견우천녀(거란성모)가 결혼 해 질랄(迭剌), 품(品), 돌거(突擧), 돌여불(突呂不), 을실(乙室), 저특(楮特), 오외(烏), 날랄(捏剌) 등 여덟 아들을 낳고 그들은 각자의 부족을 이룹니다. 8부족의 수장들은 어느 날, 야율아보기의 군영에 모이고 질랄부의 추장 야율아보기의 꿈은 장대했으니 거란의 대칸은 윤대(輪代), 순번제로 대칸의 자리에 올랐습니다. 거란의 후예이자 요제국의 대칸 야율아보기의 탄생을 예고합니다.

김태철 : 작품 속에서 주인공 못지않게 방해자들의 형상이 정당한 주목을 받아야 한다고 생각합니다만, 보기에 따라서는 적대자들의 형상적 무게와 지위가 과중하다고 생각되는데요. 예를 들면 2경(서사의 위기 1)에서는 술율평(회

홀 술율파고와 거란거족 소씨부인의 딸, 야율아보기의 고종사촌)의 책략으로 나머지 일곱 부족의 살육으로 직면한 사회적 위기를 정벌과 침략으로 극복 한다라는 설정 같은 것들이 그것인데, 거란의 입장과 발해 침공의 정당성에 대한 설정이었습니까?

김용범 : 2경에서 내가 주목했던 것은 왜 거란이 발해를 침략했으며 그 명분은 무엇인가 하는 문제였어요. 발해와의 구원(舊怨)을 구실로 발해 출정을 결정하고 거란 내부의 위기를 극복합니다. 술율평의 밀명으로 발해에 거짓 귀화한 임소홍과 야율아보기의 동생 야율할저는 발해를 내부로부터 이간질시키고 스스로 무너지게 만드는 것입니다. 이 관점은 박시형의 발해사에서 취해온 것입니다. 서사시의 서사를 끌고나갈 '갈등'을 장치시킨 것이지요.

김태철 : 이 작품의 3경(결말의 서사)는 발해와의 대결에서 승리한 야율아보기와 술율평은 3일 동안 2번이나 항복을 번복한 발해의 마지막 황제 대인선과 황후에게 자신이 참전하여 탔던 말의 이름을 하사하고 평생을 짐승처럼 살게 하는 치욕을 남깁니다. 서사시에서 비극적 주인공인 홍라녀와 백의장군은 민중의 염원을 실현하지 못하고 좌절합니다. 이러한 주인공은 주로 로망스의 주인공에 어울리는 서사적 성격입니다. 그러나 이 작품에서는 신화적 수준으로 전설을 융합합니다. 그 효과가 서사시의 내러티브에서 효과적으로 전개된 것인지 궁금합니다.

김용범 : 홍라녀 1은 민중의 염원이 굴절된 정쟁으로 쓰러진 비극적 영웅의 전형입니다. 서사시 『누가 바람의 푸른

눈썹을 보았는가』의 중층적 내러티브로 신화적 서사가 개입합니다. 홍라녀 1(백두성모, 명휘)은 서왕모의 외손이며 운화부인의 딸이죠. 인간계와 선계의 이중적 복합 구조와 100년의 시공을 초월하는 인물 관계의 설정적 모순을 인간계와 신선계의 시간의 차이로 극복합니다. 나는 이 작품을 창작하며 기존 13개의 홍라녀 설화의 화소를 차용하고 변형하여 새로운 신화수준의 여성비극 영웅 서사를 창조했습니다.

홍라녀는 발해의 전설 속 미모의 여전사입니다. 서사시에 등장하는 영웅의 서사적 내러티브는 인삼꽃으로 물들인 붉은 치마를 입고 신기(神技)의 무술로 거란족을 거꾸러뜨렸다는 백두성모로 발해 문화의 꽃이라 일컬어지는 경박호 호수라는 실재하는 증좌의 주인공인 홍라녀 1(紅羅女1)을 창조한 것입니다.

김태철 : 서사시에서 역사적 진실과 예술적 환상 사이의 긴장감 또한 중요한 요소입니다. 야율할저와 임소홍은 권력에 눈이 멀고 홍라녀를 강탈하려는 황제의 사촌 대연사를 부추겨 전쟁에 참전한 백의장군1을 독살합니다. 백의장군1(은도바특리)이 독살되어 죽기 전 대연사의 모략을 피로 적어 알립니다. 홍라녀 1(명휘)은 백의장군 1(은도바특리)의 딸을 낳은 후 강제 결혼을 강요하는 대사연 앞에서 검무를 추다 대사연을 척사하여 피로써 원한을 갚죠. 대연사의 계략의 전모를 알게 된 발해 3대 문왕은 홍라녀 1을 잘 매장하고 그녀의 딸을 자신의 양딸로 삼고 정혜, 정효공주에 이어 정명공주로 책봉합니다. 여기에서 역사적 진실은 3대

문왕과 정혜, 정효공주입니다. 사료도 있고 유물도 있습니다. 나머지는 모두 신화의 차용이자 창조입니다. 신화와 역사의 결합에서의 긴장도와 거리감을 유지하는 방법에 대한 고민을 듣고 싶습니다.

김용범 : 나는 역사학자가 아닙니다. 역사적 진실을 가리는 것은 역사학자들의 몫입니다. 나는 시인이기에 역사적 사료를 바탕으로 홍라녀전설을 융합해 구성한 것이죠.

김태철 : 발해는 신기루처럼 사라진다. '오로고(吳魯古)와 아리지(阿里只), 요나라의 초대 황제 야율아보기와 황후 술율평이 탔던 말의 이름으로 남은 생을 치욕적으로 살아야 했던 발해의 15대 황제 대인선의 비참한 최후'를 통해서 보여주고 싶었던 선생님의 궁극적 의도를 알고 싶습니다.

김용범 : 나는 애써 외면하고 싶은 우리 겨레의 가장 빛나던 시기 중의 하나였던 발해를 문학적으로 부활시키고 싶었습니다. 그리하여 역사 기록이 아닌 아니라 발해 민중의 심정을 대변하고 싶었던 것입니다. 그리고 그곳에는 아직도 발해의 후예들이 그 강역에 살고 있어요. 이 역시 팩트이지요. 또 그곳이 바로 연변 조선족 자치주이고 앞서 1부에서 담긴 시 15편의 제목인 드라마 〈장백산 아래 나의 집(長白山下我的家)〉 속의 주인공들이 겪어온 60년의 세월이 적층적으로 깔려 있지요.

4. 서정시 『아홉 개의 구름과 꿈』
-김만중 『구운몽』에 대한 36편의 변주

김태철 : 다음으로 이 시집의 3부를 이루고 있는 『아홉 개의 구름과 꿈』에 대해 이야기를 나누어 보고자 합니다. 선생님께서는 1985년 무용극 대본 『아홉 개의 구름과 꿈』을 창작한 이후 줄곧 『구운몽』에 대해 관심을 가지셨다고 들었습니다.

김용범 : 이 아젠다는 은사이신 설성경 선생께서 대학원 시절 주셨던 『구운몽』에 대한 과제 중 하나였어요. 『아홉 개의 구름과 꿈』은 1985년 호암아트홀 개관기념 공연((한국컨템포러리 무용단 안무 육완순·박명숙, 음악 강인원)의 무용극 대본을 바탕으로 합니다. 당시 나는 직장 상사인 문예진흥원 이종덕 상임이사의 권유로 뜻하지 않게 '무용극 대본'을 씁니다. 그 뒤 연출가 김효경 선생이 이를 바탕으로 『오페라 구운몽』 대본을 써보라고 권유했지만 원작인 서포의 『구운몽』의 빈 틈이 없는 내러티브 구조에 내가 끼어들 여지가 없었어요. 게다가 오페라 같은 작품으로 무대화가 된다면 작품의 스케일과 제작비 등을 감안할 때 『구운몽』을 극시(劇詩), 리브레토로 만들어 보겠다는 원대한 꿈은 가슴에 묻어 두기로 했지요.

그러다가 『구운몽』을 다시 잡은 것은 갑년이 되던 해 닥친 직장암 수술과 항암 치료를 하며 투병하는 2년 동안이었어요. 『구운몽』을 재삼 재사 통독했어요. 그것만이 내게 유일한 투병의 방편이었으니까요. 극시를 쓰기 위해 『구운몽』을 읽은 것이 아니라 내가 개입할 빈 틈을 찾기 위해 행간 읽기에 몰두했지요. 그 과정에서 36편의 아리아가 만들어진 것입니다. 극시(劇詩)는 서사 내러티브를 코러스와 레지타티보로 전달하므로 이것은 서포가 구축한 스토리 라인을 준용하면 됩니다. 그러나 '아리아'는 서정시(노래가사)이며 서사 진행에 장애가 없습니다. 비로소 빈 틈을 찾아낸 것이지요.

김태철 : 『아홉 개의 구름과 꿈』은 『구운몽』과 달리 진채봉을 시적화자로 하는 아리아가 많아요. 36편 중 7편이나 진채봉에 대한 작품을 쓰셨는데 특별한 이유가 있나요?

김용범 : 오페라 〈투란도트〉에서 진정한 주인공은 투란도트 공주가 아니라 시녀 '류'라고 생각하는 나의 편견 때문이었을 겁니다. 내게 진채봉은 그런 존재입니다.

김태철 : 갈래론으로 살펴볼 때 이 작품은 서사적 얼개를 바탕으로 극중 인물의 서정적 아리아로 변주한 '서정 서사시'로는 볼 수 있을까요?

김용범 : 서정 서사시라는 용어가 있나요? 아리아는 독립된 노래이고 노래의 가사이므로 36편의 서정 연작시 아닐까요? 『구운몽』은 서포의 소설이며 완결된 구조의 허구입니다. 따라서 시가 접근할 틈이 없어요. 이 작업은 추후 〈오페라 리브레토〉가 되었으면 하는 희망을 가지고 시작되었습니다만, 이 작품을 제대로 연출해 무대에 올리려면 적어도 20억 원 이상의 제작비가 소요될 것입니다. 제 깜냥으로는 여기까지가 나의 몫이다라고 생각하고 있어요.

김태철 : 서포 김만중의 아버지 김익겸은 완고한 양명학

자이고 병자호란의 국치를 당하자 강화에서 자결한 유교적 충신입니다. 서포 또한 진지한 유학자입니다. 그럼에도 불구하고 선생님의 작품이나 『구운몽』에는 도교 사상이 많이 나타납니다. 「소유(少遊), 잠시 세상을 노닐다 떠날 사람」에서 서정적 주인공을 '양처사'를 내세워 부친이 선계로 가듯, 소유 또한 '잠시 세상을 노닐다 떠날 사람'임을 밝히고 있으며 이를 시인 자신으로 변주하면서 죽음 앞에 초연하게 어머님과 자기 자신을 위로하는 것으로도 변주하고 있는 것으로 볼 수 있을까요.

김용범 : 너무 학술적으로 시를 들여다보지 마세요. 시란 학문 연구의 대상은 아니지 않을까요?

김태철 : 연작시 전체 36편 중 진채봉에 대한 시만 7편입니다. 선생님의 편애가 두드러집니다. 이는 '모든 사랑은 편애로부터 시작된다'는 선생님의 평소 지론과 관련이 있을까요?

김용범 : 나는 박애주의자가 아니랍니다. 모든 것을 다 사랑할 수는 없어요. 시적 오만과 학문적 편애, 그리고 편견, 그게 구운몽에서도 드러난 것이겠지요.

김태철 : 끝으로 시집의 끝에 남기고 싶은 말씀이 있다면 해주시지요.

김용범 : 유득공의 『발해고』처럼 서포의 『구운몽』도 내게는 넘을 수 없는 장벽이었습니다. 이번 시집은 내가 도저히 뛰어넘을 수 없는 두 개의 텍스트와의 전투였습니다. 참 오랜 시간 집착을 버리고 스스로에게 행복하게 항복하려고 합니다. 이번 시집은 어떤 의미에서 본다면 그동안 집착해

왔던 창작 소재들에 대한 항복 선언서 같은 것이랍니다. 요즈음 나는 교직에서 은퇴 후 무엇을 할까 하는 생각에 골몰하고 있답니다. 나는 시인이므로 서정시의 본령으로 돌아와야지요. 좋은 카메라 하나를 구했고 마음을 추스릴 겸 만해와 지훈의 『채근담』을 다시 손에 잡았어요. 그리고 2006년 문화콘텐츠학과 교수로 부임하며 문을 닫았던 사숙(私塾)을 다시 열기로 했어요. 학문의 마무리를 못해 주고 교직을 떠나야 하기에, 제자들의 뒷바라지를 하며 내게 주어진 나머지 삶을 갈무리해야겠지요.

■대담을 마치며
–가장 소극적이며 가장 당당한 서정시인의 길

김용범 선생은 시력 45년의 삶을 책임 있게 빛낸 행복한 시인이다. 그는 이 시집을 펴내며 서정시인으로 반본환원하는 길임을 선언하고 있다. 그 작은 출발점이 이 시집의 1부 「백두산 아래 나의 집」 연작이다. 40년 이상 제2의 고향 삼아 동북삼성을 오가며 맺은 인연과 후대들에게 발해 답사 코스의 비책을 알려야겠다는 순례자의 정신이 올곧게 녹아있는 서정이다. 또한 갓 스무 살이던 1974년 《심상》지에 「오후 세시에 멈춘 시계」로 신인상을 받았던 그 순결한 시대로, 서정시인 김용범 본연의 자리로 돌아가겠다는 '재생 선언' 이다.

이 시집의 2부는 발해 서사시이다. 신화와 역사의 콜라보이다. 시공의 초월과 선계와 인간계, 과거와 현재의 중층적 복합구조로 신화적 서사의 내러티브의 장점을 잘 빛낸 수작이다. 김용범은 70여 차례 현장 답사를 통해 수많은 발해 후예들을 학습시키고 고뇌해 왔다. 빛나는 역사 중 하나였던 발해 문제를 총체적으로 다룬 서사시 『누가 바람의 푸른 눈썹을 보았다 하는가』를 통해 발해 멸망사와 발해 마지막 왕의 치욕적 최후를 잊지 말자고 한다. 이 시집의 3부인 『구운몽』을 원작으로 하는 서정시 『아홉 개의 구름과 꿈』에서 그는 서포 김만중의 소설과 꿈을 시로써 형상화하고 있다.

시인 김용범은 서정시로부터 출발하여 소설가로, 무용극 대본, 서사 무용극, 판토마임, 가무악, 서도 소리극, 비언어극, 창극, 오페라, 극시, 서정서사시, 서사시에 이르기까지 모든 문학의 경계를 뛰어넘은 문호이다. 우리 문하생들에게 그는 준엄하고 냉혹한 선생이면서 탁월한 카운셀러요 멘토이다. 또한 자기가 가진 지식과 정보를, 그늘을 아낌없이 나누어 주는 느티나무이다. 마치 저 높은 산의 눈과 같은 시인이 길을 남겼다. 빛나는 서정시인의 길을.